好书精读 Master 15'

商业新闻出版公司和轻松读文化事业有限公司提供内容支持

趋势

后电商时代改造个人学习和企业运作

轻松读大师项目部　编

中国盲文出版社

图书在版编目（CIP）数据

趋势：后电商时代改造个人学习和企业运作：大字版/轻松读大师项目部编. —北京：中国盲文出版社，2017. 4

ISBN 978-7-5002-7859-7

Ⅰ. ①趋…　Ⅱ. ①轻…　Ⅲ. ①网络经济—通俗读物
Ⅳ. ①F49-49

中国版本图书馆 CIP 数据核字（2017）第 084590 号

本书由轻松读文化事业有限公司授权出版

趋势：后电商时代改造个人学习和企业运作

编　　者：轻松读大师项目部
出版发行：中国盲文出版社
社　　址：北京市西城区太平街甲 6 号
邮政编码：100050
印　　刷：北京汇林印务有限公司
经　　销：新华书店
开　　本：787×1092　1/16
字　　数：95 千字
印　　张：14.75
版　　次：2017 年 4 月第 1 版　2017 年 4 月第 1 次印刷
书　　号：ISBN 978-7-5002-7859-7/F·157
定　　价：49.00 元
销售热线：(010) 83190297　83190289　83190292

出版前言

数字文明为我们求知问道、拓展格局带来空前便利，同时也使我们深受信息过剩、知识爆炸的困扰。面对海量信息，闭目塞听、望洋兴叹固非良策，不分主次、照单全收更无可能。时代快速变化，竞争不断升级，要想克服本领恐慌，防止无知而盲、少知而迷，需尽可能将主流社会的最新智力成果内化于心、外化于行，如此才能更好地顺应时代，提高成功概率。为使读者精准快速地把握分散在万千书卷中的新理念、新策略、新创意、新方法，我们组织编写了这套《好书精读丛书》。

这套书旨在帮助读者提高阅读质量和效率。我们依托海内外相关知识服务机构十多年的持续积累，博观约取，从经济管理、创业创新、投资理财、营销创意、人际沟通、名企分析等方面选取数百种与时俱进又经世致用的好书分类整合，凝练出版。它们或传播现代经管新知，或讲授实用营销技巧，或聚焦创新创业，或分析成功者要素组合，真知云集，灼见荟萃。期待这些凝聚着当代经济社会管理创新创意亮点的好书，能为提升您的学识见解和能力建设提供优质有效便捷的阅读资源。

聚焦对最新知识的深度加工和闪光点提炼是这套书的突出特点。每本书集中解读 4 种主题相关的代表性好书，以“要点整理”“5 分钟摘要”“主题看板”“关键词解读”“轻松读大师”等栏目精炼呈现各书核心观点，崇真尚实，化繁为简，您可利用各种碎片化时间在赏心悦目中取其精髓。常读常新，明辨笃行，您一定会悟得更深更透，做得更好更快。

好书不厌百回读，熟读深思子自知。作为精准知识服务的一次尝试，我们期待能帮您开启高效率的阅读。让我们一起成长和超越！

目　录

在线学习是一种全新的学习模式，是指通过网络、光盘、卫星、个人数字助理、无线装置或电话提供的各种教育培训课程。在线学习是一个真正具有革命性且影响深远的概念，它本身的潜力大到足以改变大家用来教学或提升技能的方式。不难想象终有一天，人们所有的培训、教育、指导和信息都将以数字方式进行传输，这将会使生产力得到大幅提升。

电子商务一开始就宣称将迅速取代传统的商业模式，随着现实的发展，大家逐渐了解到，企业如果要成功，就必须依赖于一种“混合型策略”，这个策略能结合传统商业模式的优良传统与网络科技接触顾客的新方式。总之，事业的成功需要重新思考“电子商务”的本质，注意并迎合顾客需求的公司才会成功，而仅强调电子商务的公司将难以生存。

现今有两大趋势开启了改造企业与社会结构的契机，它们分别是新的社会价值观以及全球化趋势。因此，企业必须重新改造运作的方式。改造成功的企业会找到适应的方法，墨守成规的企业终将被淘汰。在信息经济时代，企业要想改造成功，必须重新改造工作、提升员工的工作技能、强化与教育的关系、维护员工的健康，以及赋予女性更重要的角色。

趋势暗示着未来的发展，但是却很容易被忽略。如果能够发现趋势的存在并且善加利用，就可以凭空创造出很大商机，把原本局限的小块消费市场扩大到最大范围。掌握趋势不是趋势大师的专利，每个行业都有擅长判断行业趋势的人。趋势大师会开启新趋势，并且为你的公司与顾客将趋势转换成有意义的点子与概念。通过采取正确的心态、运用 26 项工具与趋势专业的技巧，每个人都能成为趋势大师。

一次搞懂在线学习

ABCs of E-learning

Reaping the Benefits and Avoiding the Pitfalls

原著作者简介

布鲁克·布罗德本特（Brooke Broadbent），E-learning Hub公司创办人，该公司专门提供在线学习顾问服务。目前在皇家路大学在线学习研究院任教，也在凤凰城大学教授其他网上课程。布罗德本特在自行创业前，曾任普华永道会计师事务所企业管理顾问公司资深顾问一职。著有《网络用得既聪明又快速》。

本文编译：罗耀宗

主要内容

5分钟摘要

划时代的学习模式

大体来说，在线学习（英文 E-learning，为 electronic learning 的缩写）已和网络时代失败的经营模式划为一类。这着实令人遗憾。因为在线学习是个真正具有革命性且影响深远的概念，它本身的潜力大到足以改变大家未来教学或提升技能的方式。不难想象终有一天，人们所有的培训、教育、指导和信息都将以数字方式进行传输，这将会使生产力得到大幅提升。

更明确地说，在线学习的特点有：

（1）非线性——指学员可以跳过某些教材，或根据取得的教材自行安排学习顺序。

（2）低成本——成本比课堂教学法低。

（3）变通性大——适合各行各业使用。

（4）互动性极强——可纳入各式各样的学习

活动且几乎无限制。

（5）结合了信息技术与面对面教学的优点。

（6）成本效益高于传统学习方法——因为复制成本几乎为零。

（7）富有弹性——工作忙碌的人因此可以选择最适合的时间进行学习。

因此，全球各行各业、所有阶层的企业教育培训正在掀起一轮在线学习的浪潮。

一　在线学习概论

“在线学习”一词常用来指由网络、光盘、卫星、个人数字助理、无线装置或电话提供的各种教育培训课程。

大体而言，在线学习有下列4种基本类型：

❶ 非正式在线学习

❷ 自定进度在线学习

❸ 导师式在线学习

❹ 工作支援性在线学习与工具

1. 非正式在线学习

非正式在线学习包括无结构的培训课程，学员根据个人需求取用信息。这些信息可通过网站、组织内部网站、网络论坛或单纯的电子邮件取得。

一般来说，非正式在线学习也包括同事间的

相互讨论，如此可以：

◎协助彼此在自身专业领域学得更多。

◎寻找解决棘手问题的答案。

◎分享事实、意见、观念和其他方面的心得。

而“知识管理”一词常与非正式在线学习搭上关系。从本质上说，知识管理是指组织有能力储存、定位和供应清楚明确的信息（例如有记录可查的知识），或者无法以清楚明确方式呈现的信息（例如无记录可查的知识或关键技术）。非正式在线学习是指组织人员可以在需要时随时取用这些信息。

2. 自定进度在线学习

顾名思义，自定进度的在线学习是指由学习者自己决定接受结构化培训课程的速度（有时则是顺序）。这些课程在安排上常被分成系列单元，各单元可以通过电脑或网络取得。

每个单元包含了与某个特定主题相关的所有

学习活动，其中可能涵盖下列活动：

◎多媒体影音片段。

◎学习活动、练习和其他内容。

◎课前、课后的学习评估测验。

◎共同问题的模拟。

◎培养所需技能和专长的活动。

◎作业和其他后续要求。

自定进度学习法有时称为自学法、电脑化培训法、网络式培训法、远程学习法、分布式学习法或网上学习法。这些名词通常用以描述依照学员的需求实施，而非依照严格时间表制订的培训课程。

3. 导师式在线学习

导师式在线学习是指由教师、教练、辅导员或助教所管理的培训课程。课程开发者必须制订学生自行完成各学习单元的时限，同时应学生要求提供额外协助，以完成各单元的学习。相关协助可能是提供即时（可以通过视频通信）解答，或稍后通过网上论坛支援。

在导师式在线学习课程中，有件值得注意的事就是每位学生都可在导师不在场的情形下独自完成单元学习。学生可观看一段导师解释某个概念的影像，但每位学生仍可依照个人步调进行学习。不过该类学习法并不包括群体学习部分。

导师式在线学习，有时也可称为教师引导学习法、教师引导培训法、网络式培训法、网上远程教学法、远程学习法、分布式学习法或网上学习法。

4. 工作支援性在线学习与工具

这种类型的在线学习是指在执行某项特定工作任务时提供的网上协助，并且只有在需要时才取用学习单元，这样的工具也可以安排成为支援系统或任务助手。

这种类型的在线学习不包括结构化的教学课程，而是提供一套工具箱，里面有各种工具和范本。工具可能分成好几种复杂等级，视预期任务的难易度而定。

工作支援性工具有时称作电子化工作支援系统、任务助手或网上学习法。

使用上述 4 类在线学习中的哪种类型，要由可以获得哪些合适的技术以及下列常见因素来决定：

◎学员是谁？

◎有谁能够教导他们？

◎需要哪种等级的电脑知识？

◎学员何时有空？

◎他们喜欢在哪里学习？

◎为什么这是理想的学习方法？

◎在这一行中，人们要怎么做才能学得最好？

◎有多少时间能用来开发在线学习的教材？

◎有多少学员？

前面分别介绍了 4 种类型的学习法，但融合一种以上的学习风格成为在线学习课程架构，这也是可行的做法。比如 IBM 就采用上述 4 类型作为在线学习的学习法，IBM 的教育培训计划是：学员先参加导师式网上课程，然后自学课程，其中包括网上模拟和群组讨论。6 个月后再上为期一周的教室课程，培训期间也提供学员非正式学习教材和工作支援性工具。

5. 在线学习的潜在效益和风险

（1）对学员来说，设计良好的在线学习课程的潜在效益是：

◎产生互动，刺激理解度——指学员对所学教材有更深入的认识。

◎适合不同种类的学员——因为可以纳入多元化的活动，以迎合不同的学习风格。

◎由学员自己来决定进度——学员以个人能力所及的速度，量力而为地消化、吸收各种信息。

◎便利性——学习教材可以在任何时间、从任何地方取得。

◎减少差旅的时间和成本——因为教师和学员可以在任何地方授课和学习。

◎鼓励更多的后续学习——通常是以超级链接方式，导向全球信息网上其他进一步的信息来源。

◎专注性——允许学员只选适合本身与职责所需的教材。

◎提供协助——随时提供适合环境所需的工具。

◎提升技术能力——参与在线学习课程后，学员会更加熟悉电脑和网络的使用。

◎提升个人责任——因为坐在驾驶座的是学员，而不是机构或组织。

（2）从教师的观点来看，在线学习也有许多潜在好处：

◎在世界各地都能取得——因此教师可以在任何自己觉得合适的时间与地点提供服务。

◎模组教学法十分便利——因为教师只需提

供一次基本信息，可以把精力集中在较具挑战性的高级活动上。

◎产生庞大知识库——易于提供过去的讨论记录给未来不同时代的学员使用。

◎提高教师满意度——可以和学员产生高品质的互动，不必年复一年地讲授相同课程的教材。

◎成本效益高——课程设计好后可以无限期使用，甚至无需再承担差旅费。

◎鼓励教师追求新知——学员拥有了必要工具后可以取得任何领域的最新信息。

◎能引起学员兴趣——这意味着教师拥有各项展示个人知识的工具，可以运用使学员赞赏的呈现方式倾囊相授。

◎集中管理知识——所有课程信息都集中在同一处。

◎无需给各班级发讲义——而是由学员自行打印。

◎易于追踪学员的学习进度——因为所有相关信息都储存在电脑里。

（3）在线学习课程的潜在风险有：

◎新的学习方式——也就是说，需要持续的定期评估，以确定培训课程是否达到所预期的成效。

◎学员可能需要更新电脑设备——也许需要动用资源采购，并教导学员如何使用新设备。

◎初期可能有些技术上的难题——造成协助人员为了处理相关问题而忙得不可开交。

◎学员和教师的电脑知识可能不足——这也意味着要有专人提供技术指导，让所有人达到所需的技术水平。

◎教师和课程开发者可能缺乏在线学习的实际经验——他们可能需要事前培训才能对切实可行的在线学习课程贡献一己之力。

◎开发出完整在线学习课程的成本可能很高——因此你可能希望从低阶或采取混合方式

（部分网上学习加上部分教室授课）做起。

◎可能有兼容性的问题——新手在安装即插即用装置或其他软件时可能会非常头疼。

◎带宽和硬件资源可能无法支持完整的多媒体功能——所以在最初或许只能采用较简单的方法，而无法使用每种可能资源。

◎在在线学习项目中，不同利益相关者的目标可能不同——所以有必要和每个人谈谈，以确定他们个别关心的事，并加以处理。

◎管理层可能不了解开发在线学习课程所需的各项要件——也就是说，可能需要教导他们在开发在线学习课程时会涉及什么事，以及这么做有何意义后再开始。对即将参与的幕僚人员也需要如此。

◎管理层可能不愿意考虑在线学习——一般而言，此时你需要找个中级或高级经理人来支持在线学习课程。

关键思维

在进入 21 世纪之后，在线学习的利用正使人们接受教育培训的方式发生了革命性的变化。

——梅尔·希尔伯曼，《主动式训练》作者

在线学习的技术可能是新的，但解决问题的根本方法和传统学习法并无二致。因此在面对在线学习挑战时，运用的策略必须和自己为解决其他问题所采取的应对策略相同，不管那是不是和教育培训有关。

——布鲁克·布罗德本特

就好的一面来看，在线学习可以提高组织生产力、节省花费、允许学习者学习更多知识，因此对盈余是有帮助的；坏的一面则是，在线学习减少教师和学员的接触，以及学员间的相互接触，而这些事也是许多学员高度重视的。退学率如果偏高，便是在线学习可能出错的警讯。负责在线学习的经理人、开发者和教师，除了必须提高在线学习的效益，也必须抑制不良一面的发生。

——布鲁克·布罗德本特

二　如何规划与执行高效率的在线学习项目

事实上，在规划与执行高效率的在线学习时，包含成功整合下列 8 项关键步骤：

❶ 了解形势
❷ 睿智地规划项目
❸ 衡量组织的接受度
❹ 规划良好的项目架构
❺ 慎选课程和供应商
❻ 建立具有吸引力的虚拟教室
❼ 招募项目战士
❽ 开发好的成功测量模式

1. 了解形势

着手开发在线学习课程前，务必确定：

(1) 基于明显需求和理性的决定——除非你要处理特殊的问题，不然在线学习是项很昂贵的计划。

（2）能系统化地处理这个项目——要有足够的时间和资源做好这件事，而非匆忙地完成，并且别奢望能速成。

（3）深入地了解目标学员的需求——除非能做到这点，否则你会面临规划的在线学习课程不被学员采用的危机。

（4）曾有推动在线学习的经验——如此才能提出适当的教学组合法。只有了解目标学员在想些什么，才有办法知道哪种学习课程能激励并吸引他们。你必须推出最适当的在线学习组合课程，以满足目标学员的需求。

（5）知道去哪里找技巧纯熟且善于激励他人的课程开发者、教师和经理人——因为成功的在线学习项目需要集众人之力才能推动，你没办法单靠一己之力完成。确定自己已经拥有具备适当技术的人选后再开始推动，以免将来倍感挫折。

关键思维

实施全组织的在线学习不是件轻松简单的工作。首先要确定在线学习是否适合自己的组织，接着必须建立一种包含在线学习的“文化”。这和致力于任何新事物一样，我们可以从别人的经验中学到很多东西，不论是好的还是坏的。

——布鲁克·布罗德本特

在线学习有潜力成为一种主动式学习经验，其关键优势在于学习者可自行决定如何学习相关教材。设计时如能追求最高的互动性，就能提高在线学习的价值。

——梅尔·希尔伯曼

《如何做好生动培训》作者

2. 睿智地规划项目

先做好功课以确定组织最佳的在线学习方法，便可开始开发项目计划。大体而言，这个过程可以分成以下 4 个不同阶段：

（1）第一阶段——做好准备。

在这个阶段，你必须依照以下各项重要课题预先做好功课：

◎管理层的期望和目标是什么？

◎组织理想的学习风格是什么？

◎有谁曾使用在线学习并获得成功？

◎提供学习课程的企业环境是什么样子？

第一阶段应该要让组织确定在线学习是否可行。

（2）第二阶段——建立架构。

第二阶段需要认真思考，考虑必须征询利益相关者同意的关键要素有哪些，例如：

◎计划使用的技术。

◎在线学习项目的策划方案（包括成本和效益）。

◎计划采取的培训经营模式。

◎要如何评估成效。

在线学习项目就像盖房子，也需要先打好

地基。

（3）第三阶段——推动高级执行方案。

第三阶段包括所需的一切基础设施：

◎沟通系统。

◎项目管理结构。

◎行政管理结构。

◎准备制作和使用的内容大纲。

◎选定明确的培训方法。

◎选定试验性的先导课程。

◎品质管理问题的检视。

第三阶段的重点会从解释或调整项目的合理理由转为推动项目的实际行动。

（4）第四阶段——处理细节。

上述各阶段难免会有百密一疏的时候，因此需要先行查漏补缺，在线学习项目才能隆重登场，接受实际检验。第四阶段通常需要检视是否做好所有细节，可能的工作包括：

◎决定未来会需要怎样的人力资源。

◎培训人员必须具备的技能。

◎决定从哪个主题开始进行在线学习课程。

◎正式推出在线学习课程。

◎定期评估成果。

◎重新修正在线学习课程，以增强效果。

第四阶段是不可或缺的维护阶段。在线学习项目绝非一劳永逸，而是需要持续不断地进行微调，这样才不至于偏离原先的需求与目标。

关键思维

好的决策始于以批判的角度思考、搜集正确信息、进行逻辑化分类，并利用信息作出决策。经过彻底思考的决策才能向他人解释，经过逻辑思考作出的决策才能向不同的人解说。如果能把自己的想法讲得头头是道、清楚明白，就能摇身一变，成为高效率“战士”。每当考虑在线学习时，你都得集中精力提出合情合理的策划方案。

——布鲁克·布罗德本特

3. 衡量组织的接受度

在大力投资在线学习前，不妨暂停脚步，先评估组织是否已做好承诺的准备。为切实做好这件事，你需要搜集下列 7 种资料：

（1）情境资料。

◎为何提出在线学习的建议？

◎谁是关键决策者？

◎组织存在哪种偏好？

◎必须迎合企业哪些经营需求？

（2）技术资料。

◎有多少电脑技术可供运用？

◎信息部门能否支援这项在线学习项目？

◎未来两年计划使用哪种新科技？

◎电脑资源的升级成本有哪些？

（3）使用者资料。

◎谁是可能的学员和教师？

◎他们目前的电脑使用水平怎么样？

◎有多少学员和教师？

◎教师目前偏好的教学方式是什么？

（4）工作资料。

◎人们通常做哪些工作？

◎适合采用在线学习的工作有哪些？

◎必须培养哪些关键性的知识和技能？

◎将来要如何衡量成效和进度？

◎公司的工作流程会发生哪种改变？

（5）内容资料。

◎应该教些什么，顺序如何？

◎现有知识是如何培养出来的？

◎目前有哪些手册或文件？

◎如何把教材化整为零，将其分为条理分明的单元？

（6）适合培训的资料。

◎在线学习是否被视为解决问题的良策？

◎问题是因为缺乏知识、技能还是经验？

◎在线学习无法缩小哪些绩效差距？

◎绩效不佳的征兆是什么？

（7）成本/效益资料。

◎在线学习项目的总成本会是多少？

◎可预期的基本获利是什么？

◎投资回报率怎么样？

◎如何提供其他类似课程？

开展在线学习项目前，先花点时间搜集上述提及的详细资料是非常重要的。但如果过于繁复，不妨采用快速经验法则进行分析，具体包含下列5项关键问题：

（1）组织人员真正需要学习的是什么？

（2）对他们来说，学习这些知识的理想方式是什么？是非正式、自定进度、导师式学习，还是只提供支援性工具就行了？

（3）如何借助科技辅助的学习方式帮助他们学习所需知识？

（4）着手推动这种规模的开发项目，潜在陷阱是什么？

（5）组织将如何评估实际成效？

4. 规划良好的项目架构

并不是所有在线学习都相同。规划组织在线学习课程的目标是设计一套真正能产生成效的课程，而不只是为了做而做。要达成这个目标，需要根据下列4大类型的学习风格建立良好架构：

（1）精密推理型——理性思考，非常注重细节。对这种类型的人来说，你应该针对一个主题，循序渐进、井井有条地提供更详尽的细节。

（2）水平思考型——充满个人想象力。对这种类型的学习者则可采用角色扮演方式，以让他们从许多不同角度去观察某个主题。

（3）理解同化型——专注于理论发展。给这类思考者提供一些事实陈述，然后放手让他们自行思考。稍后他们会参与集体讨论，并微调想法。

（4）广泛包容型——欢迎变化且喜欢冒险。对这群人来说，学习就代表动手去做。他们喜欢反复地摸索试验，以及从别人的经验中进行学习，而不只是空谈理论。

虽然组织中会有某一种学习风格居于主流，但其他学习风格仍会同时存在。因此，在线学习项目需要兼容并蓄地包含上述4种学习风格，这样才能发挥最大的效果。

不过，请谨记在心：各类群体会有不同的学习成果，对于成效的定义标准也不一致，具体情况分别详述如下：

◎学员要的是有吸引力、有趣的、与所做的事相关且快速的学习经验。

◎教师希望教材广受好评，学员也能依照规划去学习。

◎课程主办单位期望能有很高的及格率、百分百的出勤率，并获得有利的结果。

◎课程开发者希望课程顺利进行，能把所有主要问题处理好，并且包含一些切实可行的相关练习。

因此，要实现上述成效，在线学习项目架构

必须具备以下 4 项关键特质：

科 技	可靠和耐用
内 容	以权威且高度专业化的方式提供
学 员	熟悉电脑使用且能独立学习
教 师	技巧熟练、学识渊博、能以有趣的方式紧紧吸引学员

关键思维

你的教师、学员、内容和科技都能与此任务相符吗？任何一项有问题都可能使你无法成功达成目标。有些教室学习活动无法达成目标，在线学习也一样，毕竟所有在线学习产生的成效都不尽相同。以理性方式面对在线学习，这样才能帮助你成功。你必须了解学习过程，并将自己的理解运用到在线学习上，避免误导或夸大的宣传，务实以对。

——布鲁克·布罗德本特

5. 慎选课程和供应商

从传统学习走向在线学习会耗费大量财务资

源和时间。选择通过在线学习来进行哪种培训，这个重大决定会影响到时间和资金这两项资源。接下来要决定的是运用内部或外部供应商去开发教材。

基本上，这样的过程在于先确定组织的优先要务，其中包含以下8大关键步骤：

（1）建立选择程序——任命项目领导人、参与人及最终决定者。项目领导人接着需要汇整资料，说明每个利益相关团体的观点和建议。

（2）缩小选择范围，列出最后的候选清单——应该精挑细选，而非贪多求广。你可以依照兴趣大小或潜在效益高低列出各项主题的排序，选择排名的前几项。

（3）设法了解是否已经拥有现成的在线学习教材——如果是软性技能或一般性主题，可能早有现成的在线学习教材，或许还有别的组织希望把制作好的教材卖给你。这样可以节省时间和金钱。

（4）检查现成教材的教学效果——这通常需要自行测试，或找使用过的人详谈；另外也有提供在线学习教材评价服务的组织。

（5）如果决定自行制作教材，务必确定已有必要、可用的人力资源——包括项目经理、教师、学习教材制作者、技术专家、主题专家等。另外，还要确定有哪些顾问能够助你一臂之力。

（6）确定是否拥有充足的财务资源——具备推动高品质在线学习课程的能力，需要编列预算和获得基金的机会。

（7）拟订策划方案——如此在必要时，你才能要求提供额外资金。

（8）宣布作出的决定——设定开发和执行在线学习课程的目标日期。接着把这项决定传达给各利益相关者。

关键思维

优先顺序的设定最后还是依靠直觉，并取决

于相关人员的判断；甚至也取决于制订优先顺序时的情境。在层级式组织中，优先顺序受领导人的想法或一时好恶影响的可能性很大。不过，事实、数字和经验在决策过程中也占有一席之地，或者至少应该如此。

——布鲁克·布罗德本特

制订优先顺序的过程有助于确定在线学习的长、短期学习方法。举例来说，有时组织会立即决定针对特定主题实施在线学习。在其他情形下，组织可能认为资金不够充足，难以采取大家建议的行动。如果是这样，在该过程中所搜集的资料可以用来撰拟策划方案。

——布鲁克·布罗德本特

6. 建立具有吸引力的虚拟教室

一旦决定向前推进，且有可供运用的适当资源，接下来的挑战就是制作具有吸引力的在线学习教材。

在线学习的互动性可分成 5 个基本层级：

层级	学员	教师
1.存　取	学习如何进入系统，存取并利用此项科技	欢迎、激励学员，并鼓励使用教材
2.社会化	开始在线与他人相互收发信息	以电子邮件为桥梁，提供个人支援
3.交　流	开始存取在线资源和讨论	如同向导，指引良好的信息来源
4.建　设	开始同心协力，彼此帮忙学习更多知识	以张贴问题的方式促进互动
5.发　展	变得更为独立，专注于个人想法	放手让学员追求自己专长领域的知识

显而易见，在线教学需要使用一套不同于传统教室教学所使用的技能。在线教师必须：

◎更加愿意身居幕后。

◎开放心胸，以接纳新的学习方法。

◎致力于推动在线学习方法。

◎使自己所写的教材内容更富创意且更易于表达。

◎了解学员的想法与需求（即使看不到学员）。

◎条理分明。

还必须考虑未来评估学员的方式。从许多方面来说，在线学习的要求比教室学习还多。学员必须自我鞭策，有能力排斥身边令人分心的事。教师务必给学员出一些真正有挑战性及启发性的作业，而不是只靠网络浏览或抄袭别人就能打发的作业。好的作业能看出学员的理解力，以及是否善用教材。

在线学习的可信度取决于能否落实评估作业。如果能证明学员已学得新技能和专长，且学后不忘，课程就会广受好评。相反，学员如果只能肤浅地了解某一主题，而在实际工作中却并无长进，在线学习就会退化成小角色。

不过我们也应该强调在线学习的另一个层面：在线学习把各种不同背景的人聚在一起，然后提供一个公平的平台，让大家都能出人头地。我们应该创造一些机会，允许不同参与者在线进行互动，并将其视为不可或缺的学习经验。

7. 招募项目战士

不管你在在线学习课程中扮演哪种角色，除非能得到组织里高级管理人员的大力支持，否则很难有什么大作为。因此，务必尽快找到积极支持在线学习的人。

优秀的在线学习战士能够：

（1）了解组织偏见——在每次出现不可避免的执行问题时，都能提出合理的解决方案。

（2）抱有积极的态度——认为在线学习是帮助人们获得成功的最好方式之一。

（3）言行合一、性格稳重且可靠。

（4）设法促使关键问题浮上台面——好让组织中的每个人都产生急迫感和使命感。

（5）使用前后一致的词汇——这样可以把在线学习产生的混淆降到最低程度。

（6）公开鼓励人们开诚布公地讨论问题——为异议者创造一个“安全港”，让他们勇于表达自己的不同意见。这样能避免异议者转入私下大肆活动。

（7）富有创造力——相信在企业中大部分事情（如果不是全部的话）都不应该只有一种执行

方式之一。

（8）以推广在线学习为乐——并认为这是有益于组织的。

就实际层面来说，在线学习战士必须善于管理组织变革。高效率的变革经理人会做下列事项：

（1）积极地化解阻力——提出处理根本问题或顾虑之事的策略和观念。

（2）沟通——清楚、果断、经常地沟通。换句话说，优秀的变革经理人会把别人需要知道的事公开地告诉他们。

（3）管理期望——引导人们不至于在一开始时过于乐观，也不会在日后发生问题时过于沮丧。

（4）培养和鼓励群策群力的精神——因为人们在互相帮助时所产生的成就总多过于单打独斗时。

优秀的战士也会设法管理和抵消相关风险。

这时的风险管理包括确认潜在问题、提出务实的解决方案并挺身而出应对挑战。在线学习课程最常见的风险有：软件或硬件延误交付、缺少可资借助的专家、必要的审核程序拖延不决、课程内容经常变更。高效率战士会采取下面的特定行动，以减低风险：

（1）建立风险管理报告结构——系统地指出风险在哪里，并加以追踪和即时处理。

（2）维系项目的动力——从时间、范围、品质和资源等方面来监控每件事的进展。

（3）先完成一些早期成果——这样才会有具体绩效，以利于更上层楼，而不是只会保证美好的未来。

（4）慎防“得寸进尺”——人们的期望越来越高，却没有获得足够的时间。战士务必要小心谨慎，慎防管理层同意接受一套目标之后，有意无意间传递出“要马儿跑，又要马儿不吃草”的要求。

不管战士有多厉害，都无法独自完成所有的事。相反，项目小组的所有成员都必须是周围同事圈内的战士。要做到这点，大家都必须能够随时把在线学习课程的重要效益阐述清楚。只有这样，当机会出现时，项目小组成员才能提出一些好的观念和意见。

虽然项目战士必须从企业内部挑选，但有些时候，也有必要邀请外部顾问成为发展小组的一员。找顾问可以节省时间和金钱，也能帮助你避免犯错，以及了解在线学习的优缺点，并协助你考虑各种选择。优秀的顾问还能为你的企业在线学习项目提供辅助教材。

关键思维

引进在线学习时，不管你扮演何种角色，是教师、教学设计者还是培训经理人等，都可能参与这项掀起重大变革的项目。用在线学习改造组织，这会改变学习者的学习方式、教师的教学方式、开发者的规划方式和经理人的管理方式。毫无疑问，你可能遭遇相当大的阻力，在线学习通常需要利用网络和电脑完成培训，而不是到教室上课，尤其对学员来说，这可是一种新的挑战。在引进在线学习时，应善用广泛且思考周密的战术，营造出积极的环境。

——布鲁克·布罗德本特

不管各个组织宣称自己有多开明、多进步，总是会抗拒变革，因此在引进在线学习时，不应期望情况会有所不同。

——布鲁克·布罗德本特

风险管理的工作听起来像是十分扎实、切实可行且效率很高的工作。但执行风险管理的人总是使用“降到最低”、“减轻”、“减弱”等经过淡化的字眼。说穿了，风险管理不过是指确认潜在问题，并在问题发生时提出的处理方法、报告采取的行动和相关风险。最后，你所做的其实不是“管理”风险，而是时时留意并采取降低风险发生几率的行动，以在风险真正发生时减轻冲击。

——布鲁克·布罗德本特

世界的变化十分迅速，这使得高级主管团队几乎不可能对自己的行业永远都了如指掌、依旧能把注意焦点放在顾客身上、继续领先竞争同行，以及当这些因素相互冲突并产生不利影响时，立刻就知道该怎么做最好。顾问能提供知识、信息、资料和系统，以解决这些难题。根据这些趋势，或许你想象得到，客户的在线学习需求将十分旺盛。能提供在线学习支援服务的顾问将会忙得不可开交！顾问能提供企业缺少的"群众力量"。对于缺乏在线学习方面的知识、专长或经验的高级主管，他们也能代为扮演主导的角色。

——伊莱恩·碧柯，策略执行顾问

8. 开发好的成功测量模式

评估成效是规划在线学习项目的最终关键因素。除非能从"质"和"量"上显示达成效益，否则很难激起人们的热情，来支持你在未来推动更多项目。

通常用来观察的测量模式是“投资回报率”。简单地说，你必须计算投资在在线学习上的每分钱替公司节省多少开支。计算投资回报率时，需要注意下面几件事：

（1）确定总成本——对大部分在线学习项目来说，方法如下：

◎计算使用的总时数。

◎乘以每小时的成本。

◎加进软、硬件的采购费用。

这样就可以算出整个项目的总成本。再把这个成本按比例分配到实施课程的预计周期内，从而得出每年的成本。

（2）计算项目效益——通常是下列各项因素所产生的效益总和：

◎减少的差旅时间和费用。

◎帮员工省下的差旅时间。

◎缩减的教师教学时数。

◎减少的行政管理费用。

◎因此释放出可做其他用途的空间。

◎减少的等候时间。

◎生产作业受干扰的时数。

同样，这些效益也会有个金额数字，把所有数字加起来，就能算出项目总效益。

（3）计算投资回报率——将总效益除以总成本。

除了投资回报率，也有必要利用其他可靠的评估标准，以达到相辅相成的效果。一般来说，这些标杆会从以下因素反映出来：

◎参加在线学习课程的人反应如何？是否觉得已经学到一些有实用价值的东西？（通常是运用问卷来搜集这方面的资料，请参与者为课程评分并表达意见。）

◎在线学习的参与者是否真能学到新东西？（搜集这项资料最常用的方式是课前和课后的测

验，也就是比较课程结束时学员的知识水平和接受课程前的差别。）

◎参与者是否真正地运用所学为组织创造价值？（搜集这项资料时，请主管观察学员行为是否发生变化，并检视下属的产量。）

◎在线学习对组织产生何种冲击？（同样，这通常需要比较课前和课后的结果。在这方面，或许可以寻找同长期使用的标准稍有出入的其他标准，并将其作为是否产生具体成效的证据。）

理想上应该是根据企业经理人、教师、开发者和学习者的经验与意见总结在线学习的效益，通过下列方式可以获得这方面的资料：

◎自填式问卷调查。

◎分析课程参与报告。

◎焦点小组。

◎课前和课后的测验。

◎个人评论和观察。

◎检视讨论群组发布的内容。

◎直接观察。

◎文件检视。

关键思维

评估，再评估。“价值”（value）出现在“评估”（evaluate）的英文词根中绝非偶然。因为评估的目的在于确定事物、服务和在线学习课程的价值。推动组织采取在线学习是件很花钱的大事。首先要确定有无价值，然后展开行动才是适当的做法，评估应当能帮助我们得到答案。

——布鲁克·布罗德本特

在线学习的“学习”成分仍是最重要的因素。只顾“电子化”而忽视“学习”是天大的错误。科技固然很重要，但不适当的科技会导致不适当的在线学习。如果科技没错，但是设计不良，还是得不到适当的在线学习。最好的在线学习需结合正确的科技、内容和方法。成功的在线学习不仅来自学习专家和科技专家的携手合作，还需要双方持续对话。随着科技的发展，以及我们对如何开发有效的在线学习课程的深入了解，教育专家和高科技同事必须紧密共事才能成功。

——布鲁克·布罗德本特

“学习”一词提醒我们要把注意力放在个人的学习、个人的表现和人际关系上，重点是“人”，而不是科技。学习的基础是信息、互动、人际交往、人才培养和明确的沟通等各个环节之间井然有序地流动，科技无法创造这些要素。但是优良的教学设计结合踏实的互动教学法可以做到这些事。请务必记住，要把“人”放在“科技”前。只有这样，在线学习项目才会成功。

——布鲁克·布罗德本特

身为在线学习教师、开发者或经理人，你拥有的最重要知识是对自己的认识。要思考下列问题：你的长处在哪？有什么偏见？对别人会产生什么影响？你的知识有哪些美中不足之处？要弥补不足，哪种方式才最适合你？个人了解在线学习的能力如何？在线学习的规划管理和营销能力又如何？在崭新的在线学习世界中，自己可以扮演什么样的角色，是学员、教师、开发者还是经理人？

——布鲁克·布罗德本特

在线学习不是个时髦用语，而是一种新方法，这种新方法建立在过去30年来，我们已经开发、学习的各种电脑应用方法上，并借此学会如何自我学习及帮助他人学习。在线学习只是另一种短暂流行的教育培训方法吗？其实不然，在线学习的概念正在改变我们“教”与“学”的方式，与此同时，在线学习也在不停地演变。今天我们所说的在线学习，几年后可能面目一新。但在线学习会像录像带、录音带，以及其他培训技术那样迅速没落吗？我不认为如此，不过当这种学习方法通过所谓混合式的学习解决方案融入传统的学习设计中去时，在线学习一词就有可能消失。

——布鲁克·布罗德本特

即使当下不必立刻决定是否采取在线学习，但不久以后可能就得加快脚步才能迎头赶上。各类组织因此获益的情形不胜枚举，这驱使教育培训正朝在线学习的趋势迈进，所以你必须作出真正有益于组织的决策。

——布鲁克·布罗德本特

电子零售:后电子商务获利10策

Why the E-Commerce Honeymoon is Over and Where Winning Businesses Go from Here

原著作者简介

罗杰·布莱克威尔(Roger Blackwell)，毕业于美国密苏里大学和西北大学。目前担任俄亥俄州州立大学商学院营销学教授，布莱克威尔营销顾问公司总裁，并担任数家在纽约证交所和纳斯达克上市公司的董事。著有《从思想到市场》，与人合著有《消费者行为》。

克里斯蒂娜·史蒂芬(Kristina Stephan)，毕业于俄亥俄州州立大学，现为布莱克威尔营销顾问公司副总裁与合伙人。史蒂芬与人合著有《当代消费者行为研究案例》，曾发表许多关于消费者行为、零售和供应链管理的文章。

本文编译：陈智文

主要内容

5分钟摘要

重新思考“电子商务”本质，开创成功的商业模式

电子商务从一开始就宣称将迅速取代传统的商业模式，随着现实的发展，大家逐渐了解到，企业如果要成功，就必须依赖于一种“混合性策略”，这个策略能结合传统商业的优良特色与网络科技接触顾客的新方式。

值得一提的是，大家也渐渐认清网络并不具有任何赚钱的神奇配方，成功的企业都在下列商业基本面上表现比较突出：

◎争取并留住顾客。

◎建立并培养优良的品牌。

◎建立高效率的后勤与流通体系。

◎不断找寻服务顾客的新方式，以维持增长并创造持续增加的利润。

任何长期成功的商业策略，其核心都是领悟

到，顾客才是商业模式、零售平台、销售技巧和策略的最终决定者。因此，要以行业对行业作为决策基础，这样才能设计出网络与上述领域的最佳整合方案。对某些行业而言，网络有不可或缺的重要性，对其他行业重要性则较低。然而就各家企业而言，事业的成功与电子商务能力的相关度较低，反倒是开发以顾客为导向的解决方案、精通关键性的商业获利功能，以及讨好顾客的能力更为重要。

总之，注意并迎合顾客需求的企业会成功，而仅强调电子商务的企业将难以生存。

一　电子商务8大重要观念

电子商务8大重要观念

1. 网络只是商业演化过程的一个阶段
2. 电子商务中的“商务”部分有不可或缺的重要性
3. 消费者是未来成功的关键要素
4. 市场细分对网络销售极其重要
5. 品牌建立必须结合网络与实体的活动
6. 顾客满意度才是关键因素而非受欢迎的程度
7. 创新工作得专注在顾客需求上
8. 最后的赢家永远是最有效的供应链

1. 网络只是商业演化过程的一个阶段

网络不是做生意的革命性新方法，而是变革中的商业市场的一项进展，这种认识已经日趋明朗。正如电话、电力和网络科技的问世改变了过去的商业面貌，网络则开辟了配送的新渠道。

在演化的市场中，适应性是攸关企业生存的大事。企业能够汲取网络公司的经验，并以最佳方式运用网络接触顾客，进而增加自己的经验，获得一番成就。相反，抗拒改变的网络公司或实体企业将面临显著的竞争劣势，无法与利用电子商务双重动力的企业同台竞争。

总之，对如今的企业而言，网络并不是一个凭空赚钱的神奇配方，成功的基本原则还是一样的，这些原则分别如下：

◎开发以顾客为导向的解决方案。

◎掌握创造利润所需的商业功能。

◎通过新的及现有的销售渠道赢得顾客赞赏。

换句话说，最成功的企业会更加善用网络科技来执行自身原本就擅长的事，并超越顾客的期望。

2. 电子商务中的“商务”部分有不可或缺的重要性

精通电子商务中的“商务”部分比掌握“电子”部分更重要。为什么？因为不论身处哪种商业领域，除非企业能有效地执行将货物从生产者交到消费者手中所需的一切活动，否则就毫无竞争力可言。

看看全球最成功的商业模式，如沃尔玛、通用电气、索尼和微软等企业，它们都长期涉足转变供应链的各项功能，使其实体功能达到最佳状况。因此，这些企业的营销活动变得更具目标性，供应链生产最大化，能源、资本和人力资源投入则最小化，其顾客服务则胜过任何竞争者。

好的企业会提供顾客想买的东西，不过一定得具备下列几项要件才有可能达成：

◎了解顾客会买或不买哪些东西的实际经验。

◎对某些产品或生活方式的热爱程度。

◎更完善的市场信息。

有了这些观念后，网络公司可以且应该能做到下列事情：

（1）由一位经验老到的首席采购员担任副指挥官——这位副指挥官具有充足的行业经验，能够判断零售市场的走向。

（2）为利基市场提供服务——因为可以轻松地运用网络与具有特定热情的人联系。

（3）充分满足产品开源的需求——或许可以通过实体世界渠道以及采取与制造商联盟的策略。

（4）彻底分析并解读由顾客和非顾客所提供的营销资料。

（5）谨慎地应对后勤的挑战——因为通常半数以上的营销成本来自后勤作业。

（6）明智且审慎地为产品定价——为较高的运费和其他开销预留空间。

（7）创造出与所涉风险程度相当的利润。

3. 消费者是未来成功的关键要素

消费者永远都比科技重要，因为单凭这群人就能决定哪些产品或服务会在市场上成功或失败。科技或许让许多产品成真，但赢家和输家却分别因消费者的接受度而异。因此企业领导者应该努力让科技符合人类行为，而不是要求消费者改变行为，以适应新的科技功能。

广泛来说，消费者的决策过程可分为下列 3 个阶段：

（1）购买前的活动——此时消费者确认有自身需求，开始搜索各类不同选择的信息，并评估哪种价格或利益方案最符合自己的需求。

（2）购买交易——在这个阶段，消费者有实际购买行为并支付费用。对这次经验的感受也会产生各种后续效应。

（3）购买后的评价——购买后，消费者通常会评估此次购买是否物有所值。这会形成消费者是否推荐亲朋好友跟随购买的基础。

企业应该收集资料，这样才能了解消费者如何作出购买决策，以及哪项信息可以用来开发策略，以改进经营成果。

关键思维

到最后，其实一切都无关科技，而是与消费者有关。消费者将决定哪种零售平台能成功或失败。事实是消费者需要方便轻松地购买、退货、选择和获取服务，但大多数早期的网络公司都以消费者要的是新科技和受到低价驱使的假设作为策略基础。如果以这样的思考方式作为开发成功电子商务策略的基础，那真是天大的错误。

——罗杰·布莱克威尔
克里斯蒂娜·史蒂芬

4. 市场细分对网络销售极其重要

现在大家都知道，全世界每天都有数量庞大的上网人口，因此会问："未来 10 年，网络零售业的规模究竟会有多大?"虽然这个问题不可能有准确的答案，但是通过找出市场细分和有类似兴趣、生活方式和爱好的团体还是可以作出一些预测的。

具体地说，有 3 个主要的市场细分：

（1）网络狂热族——这些人每周至少上网11个小时，并且已经在网络上购得大部分的电脑相关产品、消费者电器以及激光唱片或录像带。

（2）日常使用者——对这些人来说，网络是一项必要的研究工具，而且当有重大利益的时候他们才会在网上买东西。

（3）一般大众——这些人偶尔使用网络，但如果网络产品的吸引力超过当地的商店，这群人就会大量购买。

除了针对消费者开发细分策略外，网络零售商必须做一些与下列事情相似的事，而非尝试做一切事。最成功的网络零售商具有下列特性：

◎集中精力在通过实体渠道无法买到的独特或特定产品。

◎销售在当地无法取得的产品，如其他城市的房地产。

◎限定网上产品的选择性，这样才能迫使顾客到实体商店购买其他产品。

◎经营清仓拍卖产品的网上销售，并提供特别优惠的价格和其他优惠。

◎出售数量少或体积大的产品。

◎专注在可运用网络传输数据的数码产品。

◎专心于出售附加产品给现有顾客，比如重复订购、零件、说明书和补充产品。

关键思维

网络零售商在少数特定产品和特殊情况的细分中表现优异，找出这些细分中的顾客，并有效地提供网络及实体渠道的产品，就能期待丰厚的利润而增加股东价值。当无法了解市场细分这项观念、也无法提供取悦特定市场细分的混合营销策略条件时，电子商务注定会失败，并且可能比其他商业模式更快消亡。

——罗杰·布莱克威尔

克里斯蒂娜·史蒂芬

5. 品牌建立必须结合网络与实体的活动

对大多数的企业、产品类别和顾客细分而言，网络作为营销工具和品牌建设者的重要性会大于销售渠道。换句话说，使用网络搜索和评估产品的消费者数量会超过实际上网购买的人。

就品牌的印象而言，消费者不会去区别网络与实体渠道的体验。了解这个观念后，聪明的做法是，提供一致的网络与实体渠道的品牌体验，如此才有凸显品牌个性的机会，并有希望引起消费者的共鸣。

定位良好的品牌都倾向于让产品脱离商品状态而进入一个高价的地位。不过，重要的是在解决所有后勤问题之前，不要贸然地去促销一个品牌，无法实现承诺的运营系统是很难建立品牌价值的。如果某个品牌承诺提供个性化服务，就必须先准备好与策略相符的网络品牌体验。在品牌建立过程中，失去顾客最快速、最直接的方式就是背弃承诺。

关键思维

一家企业最重要的资产是无法实际显示在财务报告中的，那就是企业品牌。这就好像一辆汽车与一辆奔驰、一杯咖啡与一杯星巴克特调咖啡的差异。

——罗杰·布莱克威尔
克里斯蒂娜·史蒂芬

建立品牌一事在网络上的重要性大于实体世界，因为人们必须记得你的名称并输入进去，这里没有可乐罐或金色拱门来提醒消费者。

——马克·布赖尔，亚马逊公司前副总裁

我们现在认为自己是个全方位的品牌：它是一个市场定位、一种声音，在任何时间、任何地点都是如此。

——莱斯利·韦克斯纳
维多利亚的秘密 CEO

6. 顾客满意度才是关键因素而非受欢迎的程度

零售商总是在意“流量”，就是访问人数；网络零售商说的是“点击数”，是指网站浏览人次。但是当遇到真正残酷的考验，也就是“钱包”——有多少顾客真正买东西时，这些都不是重点了。顶尖企业会不断致力于创造及加强顾客与品牌间的情感联系，增加对顾客钱包的占有率。

换句话说，创造满意的顾客支配了传统零售商和网络零售商的未来之路。许多早已建立的顾客服务原则的重要性在网络世界中只增不减，企业领导者应专注于“多重渠道的整合”，也就是不论顾客在何时、何地想要购物或做生意，都要提供一致的接触与服务体验。

多重渠道的整合会延伸到体验之外，这个多重渠道包括品牌一致性、忠诚度高低和跨越多个渠道的价格一致性。结合这些累积因素，在顾客心中创造出一种印象，日积月累加上多次的互动就能强化顾客和品牌间的情感联系。

关键思维

要了解顾客满意什么，需要先分析顾客背叛的原因。在电子商务圈中，先驱者的优势是攫取的顾客注意力与上网次数，如果顾客有不满体验，哪家企业先吸引顾客的注意也就不重要了。有缺陷的复杂系统、不良的送货体验和整体贫乏的顾客服务将摧毁顾客与零售商的任何关系，并削减先驱者的任何优势。

——罗杰·布莱克威尔

克里斯蒂娜·史蒂芬

7. 创新工作得专注在顾客需求上

许多企业相当强调创新，微妙的是，即使企业有很好的产品、高品质的营销计划、明智的广告和优秀的渠道体系，在将一项创新从试验阶段移往大型市场时，还是有可能遭遇失败。

一般来说，一项成功的创新业务取决于下列5项变数：

(1) 相关优势——这是潜在消费者认为新产品提供的利益将明显大于现有产品。一般来说，只能提供一些薄利的新科技无法淘汰现有技术。只有看见大量的实际利益后，消费者才会尝试转换到新产品。因此，网络零售业需要提供许多附加值，以吸引消费者。

(2) 协调度——这是衡量新产品能否与消费者“现有行为”和“过去体验”一致的标准。这也就是“B2B”的网络应用在未来几年预期会迅速增长的原因，实体渠道体系已经具备，并且不需要为了“B2B”的商务要求而改变。

(3) 复杂度——这是指新科技难以了解和使用的程度。一般来说，消费者不喜欢看说明书，希望能花最少的时间学习如何使用新科技。因此，简单了解即可使用的产品比很难学习的高科技产品更有成功的机会。

（4）让消费者在购买前有试用的机会——消费者喜欢在购买前先试用。样品试用是个经过许多试验并且证明能带来成果的销售方法。设有自己网站的零售商应该让消费者体验、尝试使用网站，甚至利用消费者在店内希望获得帮助的时候协助他。网络零售商或许可以在购物商场内设立摊位，让消费者能够稍微试用一下。

（5）结果的可见度——消费者在开始使用某项新产品时，如果朋友或邻居都能看见成效，就有可能感到更加满意。这种可见度提高了消费者的满足感和成就感。

这5项变数可以用来评估新产品在市场上成功的可能性，但即使具备上述所有条件，仍有可能在新科技达到临界时出现问题。例如，虽然每个领域网络零售的评价都很高，但消费者的使用频率仍偏低。因此，网络零售商要做更多的事。举例来说，网络零售商应该做到下面3个事项：

（1）与消费者发展个人关系——利用电子邮

件提供个性化的服务。

（2）提供消费者访问网站的理由——或许是实体商店没有的特别产品或顾客忠诚计划的积分。

（3）提供即时信息——关于新时尚，以及前次购买搭配的产品、服务信息等。

总之，网络零售商需要一直提供持续使用新科技的原因，假以时日，重点将会从吸引新消费者转移到销售更多产品给现有消费者。

关键思维

这个市场每天都利用最令人兴奋的诱饵来吸引创业家，那诱饵就是“可能性”。如果做得对，你有可能成为下一个比尔·盖茨或史蒂夫·凯斯。许多创业家追随网络疯狂时期的灰姑娘式成功范例：不要只是看着市场的机会流口水，而是去争取、去创新。但如果没有做好功课，唯一得到的会是完成这个过程的大量经验，而不是通过长期有利的销售带来的金钱财富。如同其他领域的电子商务，网络策略有赖于你对于电子商务的“商务”部分的了解程度，关于如何成功地推出创新的产品，现在也有相当丰富的教训可以汲取。

——罗杰·布莱克威尔
克里斯蒂娜·史蒂芬

经理人通常会问：“企业主管在推出新产品时所犯下的最大错误是什么?”我们的答案是：“不了解新产品赢得市场所需花费的时间。”许多经理人以为，推出一个新产品后，消费者不是立刻买或者就是立刻不买，然而实际上市场几乎不是这样运作的。

——罗杰·布莱克威尔
克里斯蒂娜·史蒂芬

8. 最后的赢家永远是最有效的供应链

在第一轮网络热潮中，B2B（企业对企业）和B2C（企业对消费者）这两个词都被过度吹捧。从长期观点来看，未来最有效率的供给链将是B2B2C（企业对企业对消费者），这种应用在未来几年有潜力完全改写每个已知的商业规则。

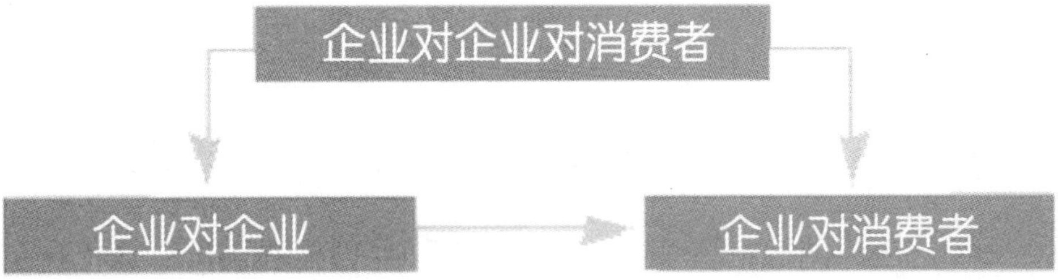

由于企业努力提升效率，许多B2B供应链都已移植到网络上。通常，这样做可以节省大量成本，业界长久的基本做法也不需要太大的改变。随着越来越多的商业功能移植到网络，交易成本逐渐降低，新的运营效率也获得释放。同时开始出现下列3种新的实体：

（1）销售面入口——供应商团体协力合作，接触到的买方数量超过任何一家企业单打独斗的成果。案例：Chemdex（注释1），Amphire（注释2），Broadlane（注释3），Industria Solutions

（注释 4），Promedix（注释 5）和 Ventro Life Sciences（注释 6）。

（2）购买面入口——买方合作组织的一个让供应商主动上门的交易市场。案例：PaperExchange（注释 7）。

（3）市场交易所——任何供给链的上下游企业都可以到这里直接采购任何所需的产品和服务，而不需要经过批发商或经销商。案例：MRO（注释 8），Grainger（注释 9），Bizbuyer（注释 10）和 ProcureNet（注释 11）。

值得注意的是，随着许多供应链移向网络，供给链上下游之间的长期关系反而更加强化而非减弱。讽刺的是，在数字商业时代，中间商并未如大家所预期的消失，而是依照现有供应链进行再设计。更明确地说，网络让已经掌握过去商业教训的企业能够找到新的、更好的方式运用这些教训，从而进一步提升供应链的成本效益。

当几乎所有的供应链都以网络为基础时，注

意力将转为更加集中在等式中的B2C层面。在这里，焦点问题将不是科技，也不是网络零售对抗传统零售，反而是利用任何合理的网络和实体混合策略，以寻找解决消费者问题的最佳方法。

在这个观念下，将有下列情形出现：

◎每家企业终究得将网络纳入可运用工具之列，因为网络不仅不会消失，而且规模还会扩大。

◎当消费者就所有购买要素进行筛选时，任何无法提供网络信息的企业将有被消费者完全排除在外的风险。这一点在未来几年更显重要。

◎任何无法使用B2B降低其采购与运营成本的零售商在面对能做到这点的竞争对手时，会处于严峻的竞争劣势。

◎同样，任何允许竞争者使用新科技进军有利的利基市场，却没有采取应对措施的零售商也是不明智的。

总而言之，目前的零售商业模式到最后极有可能演变成一种新模式，并结合传统零售业与网络零售的最佳特色。网络不会完全取代传统零售业和营销，但会成为重要工具。这一切都显示，结合实体零售与网络零售的混合性策略将发挥最好的作用。

关键思维

沃尔玛和 The Limited 这类零售商已经和供应链伙伴合作了数十年，为每一个渠道的伙伴提高效率和节省成本。因此，它们能够把那些优势以低价、库存商品和更高水平的服务等形式传递给消费者。网络提供了新的机会，进一步撷取渠道上下游的更多优势，但某些企业时至今日仍拒绝转移到网络，如果原本供应链的运作效率与上网后相当，这就没有问题，但是当竞争者或渠道成员体验到网络效率所带来的成本降低和消费者服务水平提高后，不愿改变的企业将被遗弃，并与其他处于竞争劣势的企业沦为一道。最后，最有效率的供应链将在市场上获胜。

——罗杰·布莱克威尔

克里斯蒂娜·史蒂芬

不论网络或实体，零售都与科技无关。零售业是用超越现有解决方案及竞争者的方法解决消费者的问题。虽然我们不相信网络零售业能够完全终结并取代传统的店内购物，但把网络纳入策略武器之列是必要的行动。

——罗杰·布莱克威尔

克里斯蒂娜·史蒂芬

我们相信，采取传统零售方式与电子商务相结合的人只是不相信所有这种类型的结合都能长久维持。

——罗杰·布莱克威尔

克里斯蒂娜·史蒂芬

二　电子商务未来 10 大策略

电子商务未来10大策略

1. 在电子零售运营中加入实体部分
2. 专注于解决消费者问题，而非科技
3. 别在意能否做个先驱者，而是成为最后的胜利者
4. 开发“章鱼式”的品牌
5. 从免费演变到收费
6. 增添人性化
7. 在新市场细分中销售时采取多样化渠道
8. 在全球市场销售及采购
9. 发展网络和商务的策略联盟
10. 利用网络创造精简的需求链

1. 在电子零售运营中加入实体部分

纯网络公司应该在商业模式中加入实体部分，原因如下：

（1）给顾客提供一个购买前能够试用商品的地方——顾客可以在这里碰触、感受并试用其他商品，从而创造额外的销售机会。

（2）顾客喜欢面对面地接触——尤其当顾客要解决问题或无法决定选哪样商品时。在某种程度上，购物也是一种社交体验，实体商店能提升这种体验。

（3）给顾客提供一个能够退货，并立刻取得替换商品的地方——能让顾客带着商品离开是相当具有吸引力的能力，尤其是考虑到30％以上通过邮购售出的商品通常都是换货。

（4）实体商店能增加信任感——并且显示该公司未来还会继续在此服务顾客。

许多网络零售商似乎将通过与传统零售业者组成策略联盟的方式来增加实体部分。如果双方都能为彼此带来不同或新的顾客细分，此举会是特别有利的。

关键思维

早期网络公司忽略了拥有实体部分的重要性，因为这些公司假设网络零售能取代店内零售，而不是提升。在大多数情况下，顾客依然不信任网络零售的“对机器输入信息并期待最好服务”的模式。如果顾客知道一旦交易发生问题“还有个地方可以去”时，顾虑就会降到最低。这是传统零售业永远不会消失的原因之一，人际关系在销售过程中相当重要，对其他行业也是一样。

——罗杰·布莱克威尔
克里斯蒂娜·史蒂芬

2. 专注于解决消费者问题，而非科技

消费者不一定总想使用最新、最好的科技，但却愿意尝试任何比现在更能解决问题的产品。明智的公司认识到这项事实，所以会有下列5项作为：

（1）给消费者一个合理的理由去试用新的产品——比如能获得以前得不到的额外利益。

（2）提供一个低成本、无风险的机会去试用那项科技。

（3）保持简单——这样新使用者才不会困感到挫折而放弃努力。

（4）只推出与消费者目前的喜好相符，并和产品相容的新科技。

（5）让结果具有高能见度——这样消费者的同辈和亲朋好友才可能效仿购买。

换句话说，未来成功的商店将更能帮助消费者解决问题。先发明科技，然后试着寻求实际应用的公司会占得先机。在某些情况下，用更好的方式解决问题需要提高网络销售能力，其他人或许认为投资在改进商店及更彻底地培训员工方面比较合理。其实这两种方法没有绝对的优劣之分，一切取决于消费者更喜欢哪一种方式。

3. 别在意能否做个先驱者，而是成为最后的胜利者

如果顾客宁愿选择用面对面的方式做生意，那么成为市场上第一个拥有漂亮网站的公司就没有什么意义。更重要的是好的执行力，如果后勤系统不对，谁第一个进入市场就完全无关紧要。

此外，如果传统零售商等到能提供与实体商店同样高品质的服务时才加入网络零售队伍，就会发现自己能获得失败先驱者的残存价值，给他们提供网络消费者名单、软件和系统等相当有利的资源。或者用另外一种方式，零售商可以和纯网络零售业者组成策略联盟，以取得相同的利益。

个人电脑业的发展充分显示了作为先驱者的危险。没有一家初期成功的企业（如 Atari、Commodore、Kaypro、Tandy 或 Osborne）能与包括戴尔在内的后起之秀平起平坐。类似的情况有可能发生在早期的网络公司上。因此，传统零售商应该做到下列 3 件事：

（1）了解网络零售能在哪些地方拓展市场、建立品牌，以及提高顾客忠诚度。

（2）拥有一个了解所有议题的董事会——当收购网络零售公司的机会出现时，能准备好快速行动。

(3) 专注于管理良好的基本商业功能——创造获利和收购的资本。

关键思维

如果顾客初次试用一种新品牌时就感到失望，可能就不会再度访问那个网站。没有高品质的顾客服务体系和有效运营方式的先驱者通常都会变成“先输者”。如果传统零售商在能够提供与实体商店相同品质的体验前就加入网络零售的行列，就会与不幸的先驱者有相同命运。

——罗杰·布莱克威尔

克里斯蒂娜·史蒂芬

4. 开发“章鱼式”的品牌

一个“章鱼式”品牌拥有数个接触顾客的“触角”，每个“触角”代表不同的沟通方式。传递的信息永远相同，但由于该信息来自许多不同的平台，品牌因而强化，能够突破背景的隔阂而得到注意。在实际操作上，这种品牌策略代表店内促销、广告和网络全都呈现同样的品牌信息。

一个有效的“章鱼式”品牌包含5个要件：

（1）利用网络为品牌注入某些个性和活力。

（2）可能包含一系列品牌的产品和服务。

（3）提供一致的体验——不论顾客亲自到店里还是通过网络消费。

（4）具有一个温暖、人性的视角——提供关于CEO、公司的经营哲学、社会计划等方面的信息。

（5）可以被单独定位——通过提供个性化服务和其他功能的方式。

关键思维

许多网络零售商的挑战将是超越现有品牌和实体商店品牌的服务，以及顾客对他们固有的信任。然而，传统零售商或许能通过网络来提供店内还没有的特制品和私人品牌产品，以发现长期的商机。

——罗杰·布莱克威尔
克里斯蒂娜·史蒂芬

5. 从免费演变到收费

早期的网络公司为了迅速吸引眼球，会创造出一种消费者心态，即认为网络上的每样东西都应该是免费的。显然，这是个不可持续的商业模式，因此越来越多的网络零售商开始对过去免费的服务进行收费。

从免费演变到收费，关键在于提供比目前其他地方更好的消费者解决方案。如果这样做可以创造附加值，消费者会愿意付钱。在大部分情况下，不愿付费的人本来就不是真正的消费者。绝大多数消费者都愿意付费购买自己重视的东西，并且不奢望天下有免费的午餐。

从免费转换到收费通常需要一些创意和手

法，例如：

◎E*Trade、嘉信理财和其他网络证券经纪公司收取最低的网上交易费，但利用存在银行内资金的利息进行投资。

◎Priceline也利用流动资金赚钱——赚取消费者用来购买机票和旅游服务的资金利息。

◎美国网络为每位新消费者提供200小时的免费上网时间，但出售一本480页、售价24.95美元外加3.95美元运费的书，教导用户如何获得最佳的网络探险体验，以抵销这项成本。每当一位新消费者购买这本书时，美国网络就能收回部分免费服务所损失的费用。此外，美国网络对于自动出现在电脑屏幕上的弹出式广告收取相当高的费用。

6. 增添人性化

人类在进入销售交易的环节后，最初的交易才有可能完成，而随后跟进、提供更完整效益的新产品或服务的交叉销售建议也较有可能起作用，订单的准确度通常也比较高。大体上，顾客的满意度也会提高。

因此，为网络零售增添一些人性化接触是合理的。应该怎么做？以下是4点建议：

（1）让顾客能够选择在网上订购，或者与客服代表交谈，利用电话订购。

（2）允许顾客提出问题——并且由另一端的真人客服即时回答。

（3）执行一对一营销——符合或补充前次购买的新产品时，能够联络过去的顾客。

（4）允许顾客在网上追踪订单处理情况——如果顾客无法了解信息，就由后勤支援专家提供解疑。

关键思维

网络渐渐地会解决许多顾客服务的问题，而不需要公司投入人力。这让公司省下最重要的资源，将人力用在非一般性故障或者需要个人注意力的情况下，并与顾客互动。

——罗杰·布莱克威尔
克里斯蒂娜·史蒂芬

7. 在新市场细分中销售时采取多样化渠道

网络是传统零售商开始服务新顾客团体的绝佳方式。对大公司来说，利基市场可以用来提供定做的产品；对小公司而言，网络拓展了可触及的范围和潜在的顾客群。

业者可以利用网络进行下列事项：

◎测试顾客对可能出现的新产品或服务的反应——在投入资源营销之前。

◎提供年度季节性产品。

◎销售给在该国没有实体店面的顾客。

◎用折扣价销售流动较慢的存货和清仓的库存。

◎用更有效率、成本较低的方式销售现有产品线给主要顾客。

◎提供销售率较低的产品。

◎接触新的顾客细分，利用现有产品线组合而成的方案。

◎服务过去接触成本过高的少量顾客。

◎直接销售给顾客，而不需要经过中间商或媒介。

◎瞄准人口规模不足以支持一家商店的郊区或小镇地区。

◎拓展产品线，增加对实体商店而言太大、太贵或太具有季节性的产品。

总而言之，网络正迅速成为许多市场热门的主要销售渠道，且拥有依据零售商的特殊需求来进行调整的能力，可触及的市场范围也很快地提升为第一。

8. 在全球市场销售及采购

网络不仅让一家公司在无需冒险建立、经营商店的情况下拥有全球的顾客，也能向全世界的供应商采购产品。

对于拥有小型国内市场的利基零售商而言，

进行全球销售的能力尤其重要。整合每个国家的利基市场后，就可以清楚地辨认出一个充满机会的大市场。许多这类顾客愿意付出高价去购买自己热衷的产品和服务。

此外，更大的可能是在网络上取得额外产品的能力。多年以来，大型实体商店一直用独家的协议锁定供应商，而通过网络零售商可以轻松地搜寻全球各地的其他供应商，进而创造提高利润的机会。

关键思维

要吸引世界各地的顾客。愿意付出较高的价钱去购买、获取和运送特制产品的小公司很有机会在网络上获得成功。但这些公司如果要创造可接受的利润空间，就必须更专心于有效率地表现全球性的商业功能，而非国内的。

——罗杰·布莱克威尔

克里斯蒂娜·史蒂芬

9. 发展网络和商务的策略联盟

零售商需要的策略伙伴不只能建立自己的网站，还能在建立网站的过程中增加价值。同样，网络零售商需要能够增加信誉及主要商业功能执行力的盟友。通过网络，这类联盟的双方能找寻到彼此，并展开讨论。

许多这类联盟的发展过程基本都十分直接：

◎提供消费者解决方案的重要商业功能十分清晰。

◎必须针对每一个功能，决定采取内部制造还是对外采购才能获得最高效率。

◎必须确立核心的事业功能，并且保留在内部。

◎确认能够执行非核心功能的伙伴，并取得联系。

◎由你来决定提供给伙伴哪些东西，让他们发挥最佳的合作成效，并建立信任。

创造策略联盟的普遍方式是股权模式，也

就是业者根据他们未来营利能力的推测选择伙伴。在这种方式之下，新公司用股票和最常见的未来销售额的权利金换取营销协助。这些联盟能够成为对零售商相当有利的机会，并增加营业收入。

10. 利用网络创造精简的需求链

传统的供应链是：

制造商 → 批发商 → 零售商 → 消费者

相反，从消费者观点出发的需求链却是：

消费者需求 → 渠道伙伴 → 消费者待送货物

换句话说，21 世纪的关键竞争战役将是供应链对抗供应链，而非传统零售业对抗网络零售业。真正的挑战在于建立最有效率且合理可行的需求链，用尽可能低的价格，在适当的时间准确地提供消费者所要的东西。

关键思维

消费者如何订购产品只是过程中的一小部分，网络零售商如果能拥有效率最高且最具成本效益的供应链，就可以打败他们的网络竞争者，实体零售商也一样。当你开始衡量由网络零售取代高比例零售业绩的可能性时，要考虑供应链的问题。除非网络零售的供应链（将消费者在传统模式中获得的许多免费功能转移给一个供应链成员）比传统以店面为基础的渠道更有效率，否则网络零售业的普及是有限的。

——罗杰·布莱克威尔
克里斯蒂娜·史蒂芬

商业的未来将取决于大众，以及哪一种新的销售与营销平台比现行方式更能适合消费者的行为和生活方式。到最后，消费者仍旧主宰一切，通过接受某些科技和变化，并拒绝其他部分，他们能决定零售业和商业的未来面貌。B2B电子商务的未来取决于实现更有效率的供给链和创造更多满意消费者的能力。随着混合性策略逐渐成为主流，电子商务将被纳入所有已知、现存的商业定义网当中。

——罗杰·布莱克威尔
克里斯蒂娜·史蒂芬

媒体的注意力大都放在网络作为新销售工具的角色上面，我们则倾向于把网络当作一项营销工具。如果要建立品牌并营销公司的产品，上网就对了；如果要的是获利，就回到实体世界。我们相信电子商务会在下个世纪的商业教科书中占有一席之地，但并非最后一个章节，而是在由消费者持续主宰的商业演化过程中充当迈向另一个阶段的催化剂。

——罗杰·布莱克威尔
克里斯蒂娜·史蒂芬

注释：

1. Chemdex 为化学电子集市，服务的对象为与科技研究室相关的研究员、供应商和企业。Chemdex 是针对该产业的顾客导向型的网上交易集市的先锋，也是第一个针对与科技有关的产品，提供给该产业内相关的研究员、供应商和企业一个开放和中立的电子交易集市。它提供完整的电子商务解决方案，包括电子采购、系统整合和广泛的客户支援程序，提升该产业研究员大半的生产力。

2. Amphire 创办于 1999 年，从事电子商务解决方案的开发。

3. Broadlane 成立于 1999 年 12 月，由 Ventro 公司与 Tenet 保健公司（简称 THC）共同投资创办，公司目标为吸引保健用品采购经理。

4. Industria Solutions 为杜邦与 ChemDex 共同组合的专营 B2B 电子商务公司，主要目标在于全球 7500 万元的化工、石油、纸业等行业的原料采购与物流处理电子化市场。该公司已于 2001 年 8 月宣布停业，并关闭其网站，原因在于无法维持足够数量的买方，该公司并且已经将部分资产转卖给 Ventro

公司。

5. Promedix 也是 Ventro 公司旗下的专营医药产品专业集市，也于 2000 年时结束营业。

6. Ventro Life Sciences 协助公司建立电子商务平台，或将授权公司依据此平台自行设计符合公司所需的电子商务平台。

7. PaperExchange 是造纸业电子商务公司，购买者可在网上买卖纸类产品与造纸设备。该网站采取会员制，PaperExchange 可以说是纸类贸易的权威。

8. MRO（maintenance，repair，operation）为提供网络采购维护、修理与操作等业务的公司。

9. Grainger 每年销售大约 60 亿美元的工业设备给许多的公司、集团的运营部门，这些部门的主要工作是 MRO。该公司将生产的 22 万种产品制成网上目录，并为客户提供配件搜索、问题解答等服务。

10. Bizbuyer 是提供中小企业电子集市的网络公司。

11. ProcureNet 是提供企业 B2B 采购软件服务的公司。

新社会，新企业

Re-Inventing the Corporation

Transforming Your Job and Your Company for the New Information Society

原著作者简介

约翰·奈斯比特(John Naisbitt)，趋势大师，对于全球经济发展和信息技术对人类社会的影响有独到见解。他以30年的企业经验，为多家跨国企业做市场分析及长期规划，并且每年在欧、亚、美各地巡回演讲。1982年出版的《大趋势》一书成功地预测了网络和全球经济一体化的概念，从此确立了他在趋势预测领域的地位。

帕特里夏·艾柏登(Patricia Aburdene)，毕业于牛津大学哲学系，是美国天主教大学信息科学与图书馆学硕士。曾担任《福布斯》杂志产业记者与研究员，从事写作和研究工作超过20年，与奈斯比特合著过多本重要著作。

本文编译：曾滈菁

主要内容

5分钟摘要

改造企业的两大趋势

如今有两大趋势开启了改造企业与社会架构的契机，这两大趋势刚好在这个时间点交会。它们分别是：

（1）随着人们脱离威权模式，进入个人主义而出现新的社会价值观。

（2）随着世界经济基础从工业转变为信息业，全球化因而成为必然趋势。

因此，企业必须重新改造运作的方式。换句话说，如果企业想继续成为全球经济架构的基础，以企业为商业单位的概念就必须重新改造。在这个过程中，我们看到最重要的改变是，如同工业社会把员工转变为“消费者”，信息社会也会把员工转变为“资本家”。改造成功的企业会找到适应的方法，而墨守成规的企业终将被淘汰。

过去企业曾认真地讨论自己负有哪些社会责任，以协助社会发展。今天，改造成功的企业和青年商会联系更密切，由此负起的社会责任已是社会与经济契约不可或缺的一部分。从这个观点来看，当个优良的企业公民并不是一种选择，而是一项责任；扮演好企业公民的角色才是对企业最有利的。

一　改造企业的需要

在信息社会，任何企业的长期竞争优势都是建立在人力资源的基础上，而最好的人才绝不会被官僚政治或科层组织的企业所吸引。

商业世界有下面3项趋势强化了企业改造的需要：

（1）市场从重视“财务”资源转而重视“智力”资源，比如信息、知识与创意。

（2）自我管理在许多企业成为常态，使得整个中级管理层被消灭，或被电脑系统所取代。

（3）随着战后婴儿潮步入中年，劳动人口也加速老龄化。这意味着未来将会出现劳动力短缺的情形，最好的人才会变得十分抢手。

除了上述3项趋势外，现在信息技术应用在工业上的范围越来越广泛。随着工业相关企业通用信息技术的程度越来越高，这些企业也逐渐由工业型企业转变为“信息组织”。未来企业大部分的附加值会与其掌握或创造信息的能力成正比。

人类经济的基础由“汽车”转变为“电脑”，许多企业将因适应不良而被淘汰。这与当初我们步入汽车时代所历经的过程一样，全盛时期有 2300 多家汽车公司，而到最后只有 4 家存活下来。

能够成功由工业时代进入信息时代的企业一般都具备以下几项特点：

◎远大的愿景——为企业确立存在的意义，这个存在的意义不是指企业自身提供的产品或服务。

◎领导者能成功向全体成员清楚地阐释企业愿景。

◎将愿景转变为营业额与利润的具体方法。

◎受激励而积极主动的员工，以及企业允许

员工有运用自己的判断作决策的空间，为成效分担责任。

◎企业的价值观与做法一致——企业的日常运营与设定的愿景相一致。

◎具备企业家的心态。

◎重视与顾客有最多接触的一线人员，使企业里每个人的工作目标都是为了支持一线人员，从而让他们的工作发挥更大的作用。

◎愿意将组织架构用各种弹性方式取代，比如依照特长区分的小组，依照个人经验背景组成的团体，或依照不同兴趣组成的小圈圈等，尽可能以各种方式加强企业内部的沟通。

◎最了解一份工作的人是每天都在做这份工作的那位。所以他们的意见应该对企业的调整或改进扮演重要角色。

◎电脑与信息处理系统应确保每名员工取得完成工作所需的每一项信息。

关键思维

我们以“价值观”经营苹果公司。你听过目标管理吧？我们不用那一套。你在快速成长时唯一能做的就是雇用绝佳人才，然后把事情交给他们去做。一般来说，我们会请员工告诉我们应该怎么做。

——史蒂夫·乔布斯，苹果公司创办人之一

成功的CEO把自己当成领导者，而非管理者。他们关心企业的基本目标、存在的意义和大方向，而不是琐碎的细节。一般主管最关心的是正确的做事方法，以及如何做得有效率，其实他们更应该关注的是“做对事情、走对方向”！

——沃伦·本尼斯，前辛辛那提大学校长

威权式组织的单纯与秩序使得这种组织形式具有难以抗拒的魅力。然而，这违背了人类崇尚自由的原则，也扼杀了人类的创意。

——比尔·戈尔，戈尔公司创办人

指导员工如何做事只会让员工感到挫折，觉

得自己能力有限；给他们提供“信息”却能帮助他们了解自己可以拥有哪些机会与可能性。

——詹·卡尔森

斯堪的纳维亚航空公司 CEO

我知道你们当中那些具有商学院背景的人已经在那里画组织图，开始写运营流程手册。只要我找出这些人是谁，我一定把他们全部开除。

——威廉·麦高文

MCI 通信公司创办人兼 CEO

几个世纪的政治学、政府学、经济学以及心理学研究都显示，威权式组织会对创意与积极主动的精神造成严重影响。这种看法也主张，不管威权体制以往有多大的优点，如今已经越来越不适用了。

——杰伊·福里斯特，麻省理工学院教授

企业是整体社会的缩影。我们正在改造教育、医疗、政府与所有的社会结构，但企业通常是最快、也是最勇于改变的，因为企业“每一天”都得面对来自市场的严厉批评。不像其他组织每个月、每学年或每四年才要面对公众的评论。顾客每天都在对企业品头论足，不像选民久久才投一次票。这种情况加速了企业的革新。在新信息社会，还拘泥于工业时代的过时想法与旧有组织架构的企业将惨遭淘汰！

——约翰·奈斯比特、帕特里夏·艾柏登

二　改造企业的 10 大关键准则

打造信息化的世界级企业的最大挑战就是吸引适合的员工。为吸引人才，明智的企业会提供内部创业环境，让员工有机会看到工作落实的成果，并分享企业利润，这类企业的主管也会全心致力于给下属提供最佳的发展与成长机会。

下面是改造企业的 10 大关键准则：

（1）能提供最佳个人成长机会的企业就能吸引就业市场里最好的人才——在过去，企业雇用员工是为了帮助自身茁壮成长。今天，新一代的员工根据企业能否提供个人成长的最佳环境，以及让他们获得最多的学习机会来决定是否要为其工作。明智的企业以创造事业机会来提升员工的工作技能及经验，以吸引最优秀的人才。

（2）在信息化企业中，管理者的角色是教

练、辅导员以及老师，而不是发号施令的人——主管已经从“发号施令者”变成了“辅导员”。最成功的经理人是能帮助同事发展与培养能力的人。好的主管视同事为伙伴，而不是对手，并且找方法让每位员工都能发挥自己的潜力。

（3）最好的人才会想在“心理上”或“实质上”拥有企业及其产品——信息时代的企业会给全体员工提供适当的奖励，而不只是资深主管能够独享。这些奖励形式通常包括：奖金、股票、股票选择权及其他方法，让员工觉得自己拥有一部分企业所有权。

（4）企业会聘用越来越多的“外聘员工”——企业会偏好外聘员工，而不是正式员工。外聘员工简化行政作业，这样企业既能支付员工在人才市场上应有的劳务价值，又能为自身提供更大的用人弹性，对企业和外聘者而言是一种双赢。

（5）威权式管理已是过去式，注重人脉、以人为本的管理风格正在流行——在这样的企业里，每个人都能帮助你，而不只限于直属上司。随着电脑集中信息的功能越来越普及，明智的企业会利用这项功能详细地记录每位员工的专业能力。一旦出现任务，企业就能用电脑轻松地列出具有相关经验人员的详细名单，相关的作业人员就能向这些人求救，而不必非得求助主管。

（6）企业内部的创业精神是最好的生产新产品和开发新市场的引擎——因为创业精神对企业而言价值不菲，明智的企业懂得掌握这项优势。现今多数企业鼓励员工在自身的基础架构下开创新事业，这绝对是双赢局面，因为企业得到了创新的事业，员工则因为看着自己的想法落实而获得满足感。如果计划具有商业盈利的价值，就可以独立于企业之外，单独成立一家公司或合资企业。

（7）产品品质将是最重要的议题——过去的消费者会愿意忍受厂商计划性的更新换代（如微

软的视窗操作系统），因为新一代的产品远比之前的优秀。然而在今天，大家都追求品质，顾客要求他们买的每一件产品都具有高品质，而不管有没有新版本，否则就从竞争者处购买。更重要的是，消费者要求产品和服务能够越来越信息密集。

（8）在商业界，直觉与创意变成受企业高度重视的价值，甚至牺牲企业利润也在所不惜——直觉是不靠逻辑推理就能洞察的能力。在信息丰富的环境，运用直觉过滤信息，从大量信息中找出重要者而忽略不重要者，这项能力已经越来越重要。

（9）大型企业正在改变组织架构，以取得小企业的优势——许多企业现在会经常成立独立的企业单位，仿效小型新创企业的成功模式。这种方式结合了小企业的经营弹性与母公司的资源，因此更为有利。

（10）信息经济鼓励企业从重视硬件设备转

向重视生活品质——对信息型企业而言，因为能够到达世界上任何一个角落，所以自身所在的实际地点也变得无关紧要。明智的企业会建立在生活品质高的地方，以吸引一流人才。

关键思维

对成功的产品、服务与企业而言，品质才是最重要的；对消费者而言，价值等于高品质的产品、服务、环境、员工关系以及社区参与的总和。消费者认为品质是一种整体印象，无法与上述其他因素分开来看。因此，企业提供的价值必须照顾整体的利益，而不只是产品或服务的品质。

——史蒂夫·阿贝特，广告经理

如果你要和小公司竞争，就得有小公司的做法！

——唐·埃斯特利奇

开发第一部 IBM 个人电脑的项目经理

三　改造工作

企业想要改造成功，必须重新检视如何安排员工每天的工作时间，最好是能使工作有最大的弹性、可以自我管理、为绩效负责，而不要太拘泥于工作方法。

现今，我们很自然就认为工作应该有趣，并带来满足感。可喜的是，信息化企业远比工业型企业更能达到上述两项要求。

事实上，拥有创业家工作态度的员工会宁愿自己与企业交涉工作合约的各项条件，而不会依赖工会代劳。在聘雇关系中最理想的状态是员工能自我管理，并且积极主动地达成目标、为工作成效负起责任。

最近的调查研究表明，大家都会想要以下几项工作特质：

◎受到尊重。

◎工作有趣。

◎有好的工作绩效时能够受到肯定。

◎有机会发展新技能。

◎与愿意接纳新点子的人共事。

◎独立思考，不必事事听命行事。

◎了解自己的工作对企业的意义。

◎为有效率且做事有条理的主管工作。

◎不要轻松的工作，而要有挑战性的工作。

◎资讯发达。

新完美工作主义就是所谓的“生命/工作规划”，也就是工作应该是人生的重要组成部分，而不只是收入来源。我们会选择能反映个人价值，并且兼顾家庭、健康、精神层面等其他重要价值的工作（这是我们与上一代为了谋得一份工作在所不惜的态度最不同的地方）。

从员工的角度来看，企业改造应由下而上，而非上行下效。换句话说，随着更多员工希望工作符合自己的要求，如果企业想吸引这些员工，就得将他们的要求纳入考虑。个人为工作合约协商交涉的情况也为企业带来冲击：企业需要再造——至少从工作如何架构组成的观点上来看是这样。

其他转变工作本质的趋势如下：

◎随着子女成长入学，越来越多女性进入就业市场。

◎双薪家庭的数量比之前任何一个时代都多。

◎如果夫妇俩都是高收入者，其中一个或夫妻两人都会倾向于选择兼职的工作，而放弃全职工作。

◎越来越多人希望能有时间提升自己的技能，为新的就业机会作准备。因此，教育成为职业生涯规划中越来越重要的一项因素。

◎许多人会想一边创业，一边兼职，以支付开支。

在人力供给吃紧的市场中，对于高品质人力的需求将迫使许多企业接纳员工只上半天班，以及其他的弹性做法，以吸引并留住好的人才。

但弹性不会只限于实际工作时数这部分。如果企业想成功地克服自身再造的障碍，员工福利也必须具有高度的弹性。

以下是部分员工福利的可能例子：

◎年纪较长的员工重视全面性的医疗福利，年轻人则重视子女福利。

◎双薪家庭通常夫妻双方都会有保险，可是在美国，只要夫妻中一人有保险，配偶和子女都能获益。因此，如果能将其中一人的保险换成其他福利，对员工会比较有用处。

再造成功的企业最好提供一系列的福利，让员工根据各自情况选择自己想要的福利。借助电脑系统，企业能办得到，也可以管理好。

电脑也把工厂操作员转变成信息管理者。随着生产系统加入更多的自动化机制，生产线上的员工为了控制流程，必须对自动化作业有更多的了解。这些工作上的额外要求也产生了连带影响：过去科层式的管理制度不再有用，让员工自己做主决定工作结构，反而更有效率。

除此之外，年纪长的员工（能够使用自动化系统）也能延长工作寿命，因为大部分需要重复肢体劳动的工作已被人工智能系统取代。企业也能善用年长员工的经验与智慧（在好人才难求的就业市场中，强迫有生产力且不可替代的员工退休非明智之举）。

在现今的信息社会，想实现创业的雄心较以往容易得多。在工业化时代，要取得足够资源购买新生产设备是一大挑战；但信息社会则不一样，由于大家能够以极低的投资轻松地取得信息处理技术，因此知识与创意在信息时代变得更为重要。

还有其他以下因素也鼓励创业家不断出现：

◎企业不再像以前一样提供终生工作保障。

大家开始意识到，企业并购的效应就是裁员解雇，而不管员工过去的工作表现如何。因此，自行创业不像过去那么冒险。

◎到处充斥着新市场与新的事业机会，只要手脚够快，能够领先别人找到利基市场，就能避开激烈的市场竞争。

◎因为投资人乐于寻找高于平均的报酬，所以有许多创投资金可以加以利用。好点子得到资助的比例比过去要高。

◎大家都喜欢自己的薪资报酬能够与工作表现成正比，而不是由主管一人决断。

◎拥有自己的事业，并可以完全凭自己的判断作决策。这虽然是个挑战，却也无比刺激。

四　信息时代的工作技能

维持在信息时代的繁华，最大的威胁就是缺乏有技能的员工。因此，如果要成功地实现改造，创造稳健而生机蓬勃的未来，企业自身必须扮演积极主动的角色，提升基层员工的工作技能。

目前教育制度培养出的人才只能适应工业社会。信息型企业需要的员工得有不同的技能，这些技能包括以下 4 项：

（1）学习如何思考——逻辑思考、能言善辩与有效沟通对于信息型员工而言都是具有高度价值的技能。虽然思考能力和人类其他技能一样，可以通过学习与发展取得，然而目前的教育很少注重这项能力。

通常，要求学生学习独立思考只是教育体制

下的附加产品，而不是教育的主要目的。

很重要的一点是，学习如何思考与如何写作之间有着密切的关联。基本上，一个无法清楚思考的人，也无法行之于文字，这两种能力相辅相成，无法独立存在。

（2）学习如何学习——只有拥有学习能力，你才能拥有工作安全感。因为一旦工作条件发生改变，知道如何学习的人能够以更快的速度在新事业环境中吸收新知识，发展新技能。

要学会学习，必须具备开阔的心胸，保持好奇、谦虚，并且找到适合的老师，对自己的优缺点有自知之明。

（3）学习如何有创意——创意曾经是艺术家的专属，现在却是信息环境下企业成功的关键。创意能为企业提供永远的竞争优势。

唯一的问题是，多数学校都压抑了学生的创意，坚持他们必须符合规定，以便于教育当局的行政管理。

（4）终生学习——信息社会要求每一个人都必须定期地提升工作技能，学习新知。现代人一生不只拥有单一的职业生涯，可能拥有四到五个不同阶段的职业生涯。适应职业生涯变迁的关键在于，能够将成人教育与学习新技能、获得新形态信息相结合。

关键思维

信息不能取代思考，思考也无法取代信息。难题在于，我们永远没有足够时间把有用的信息全部教给你。

——爱德华·德·波诺，水平思考大师

以我们的观点看来，批判性思考与解决问题的能力是我们能给现在年轻人的最重要技能。

——奈特·姜可拉

新泽西州学校地方教育局局长

清晰的思考会转变成清晰的文字，两者无法单独存在。脑袋混混沌沌的人写不出好文章。

——威廉·津瑟，作家

学习的第一件事是学会如何质疑既有的知识。

——理查德·伯顿，英国探险家与作家

你得要承认有些人比你更聪明、更优秀，然后才能学会如何学习。

——多丽丝·莱辛，作家

我一直这么认为，如果你老是朝同样的方向思考，就很难发现在你身边或身后的好点子，更别说想出新点子。通常你需要的是“当头棒喝”。如果能够这么做，你就能挑战成规，检视自己的思考习惯，放弃自己钟爱的规则和想法，让自己能更轻松愉快地进行思考。你甚至可以试着针对目前思考的问题开个玩笑。

——罗格·范·奥驰，作家

最好的点子常常是在玩笑中发现的，尽量把思考幽默化。

——大卫·奥格威，广告公司主管

伊利诺伊州的社区大学甚至全美的大学都在

努力甩掉“高级高中”的形象（讽刺社区大学品质只有高中水准），以成为美国社会在后工业、高科技经济体系中改造过程的领导者。学费低、录取容易、上课时间灵活、培训课程新颖等优点使得美国的1231所社区大学破纪录地吸引了急于求职的学生。

——《芝加哥论坛报》

如果想充分利用目前教育复兴的趋势，学校应该主动出现在学生面前、办公室里、电视机前、硅谷中，甚至是通勤火车上。最成功的成人教育课程是能重新定义学习这一行，了解学校是个“随时随地都要学习”的行业。学习最有趣（当然也最方便）的地点或许是在清晨6点59分从杰斐逊港出发的渡船，或早上7点55分从美国长岛到曼哈顿的火车上。超过300位通勤的乘客都参加了艾德菲大学的“火车大学”课程。

——约翰·奈斯比特、帕特里夏·艾柏登

五　教育与企业

许多企业内部都设有大学等级的培训课程，有效地将自身转变为支持教育的机构，进一步强化了教育和企业的关系。

许多高科技企业发现，基层人员在进入职场前大多准备不足，所以各家企业不得不主动提供密集的员工培训。除自行培训员工外，这些企业也和大学有密切的合作关系，如捐大笔款项给学校，并免费赠送各高中电脑。简单地说，企业变成积极支持教育的机构。

企业把重心放在改善基层员工识字水平，以及增强算术能力等基础科学知识上。针对其他员工，企业则提供层次较高的在职培训，内容涵盖各种专业主题。

大致趋势如下：

◎以行业类别而言，金融、保险和专业服务业的企业多半进行最多的教育培训。

◎大多数培训课程都有特定主题，并与企业经营的事业相关。

◎75％的在职培训都是针对白领员工。

◎大多数接受培训的员工年龄都在25～34岁之间。

◎接受最多培训的员工也是最积极主动的，因为大多数情况下，这些培训课程都是自由参加的，很少会强制规定。

◎培训可以用各种不同的形式来规划：例如夜校、研讨会、上班时间、企业资助的进修长假等。

◎除了企业提供的培训课程外，也有无数的机关团体提供广泛的行业培训课程与研讨会。

◎许多企业与地方上的大学合作，这样学员就能够将培训课程的成果转变为学分，以利于取得正式的资格或学位。

企业赞助教育课程另一个有趣的地方是，企业能够量化评估课程的投资回报率，这一点大学就无法办到。

例如：

摩托罗拉公司发现，一群工程师在结束每天4小时、为期16周的培训课程后，能够在接下来的一年帮公司省下超过200万美元的开支。

摩托罗拉也评估了两个业务小组的工作效率，其中一组接受3个月的业务培训；另外一组则没有安排这样的课程。他们发现在一年间，公司在课程上投资的3.5万美元创造了超过100万美元的营业额。

仅通过培训员工相关的电力常识与如何更有效地使用电脑系统，摩托罗拉将机器的停机时间从4天减少到4小时。

一旦企业意识到这些效益不是子虚乌有，在职培训也就不会造成效率低下，反而会成为长期竞争优势的根源。

关键思维

在每个重要的城市，学校与企业至少会有某些合作的关系。这个现象反映出企业了解到他们的未来取决于训练有素的人力，并愿意为了这个未来在教育培训上进行投资。

——欧内斯特·博耶尔

美国当代著名教育家

企业是教育培训最终的受益人。我们正在培养不必通过企业再教育的员工。去年，美国企业花了300亿美元重新培训与再教育从公立学校毕业的职工。这种做法未雨绸缪，从根本上矫正了问题。

——里奇·派奇尔，达拉斯商会

我试着提醒大家，犯罪与不识字有直接关系，而不识字与失业也是这样的关系。

——芭芭拉·布什，美国前第一夫人

如果人们不识字，又怎么看得懂我们的广告？

——格洛丽亚·兰扎，美国广告协会副总裁

如果这里没有好学校让员工送子女去上学，我们也就无法吸引这些人才。

——厄尔·威廉姆斯

BDM国际公司总经理

给我们识字又有技能的高中毕业生，我们就能给他们工作。

——波士顿联盟

美国企业界教育培训的课程内容设计得非常广泛与完整，因此成了公、私立各级学校外的另一个教育系统。这个深植于美国企业界的教育系统日益复杂且不断发展，更扩大到世界其他国家。

——卡内基教学促进基金会

如果有关人类如何学习的见解是来自行业与企业界而不是学术界，将会是很讽刺的一件事。

——欧内斯特·博耶尔

美国当代著名教育家

企业拥抱“教育员工”的新角色不是为了要

和学校竞争，而是和彼此竞争。如同摩托罗拉公司的培训模式所显示的3.5万美元的投资能创造出100万美元的营业额。一旦企业开办教育培训的课程，其以绩效为导向的特质会使自身的教育培训展现应有的教育品质。企业教育有时比传统的学校教育更有效率。

——约翰·奈斯比特、帕特里夏·艾柏登

六　健康与企业

即使在工业社会，企业维护员工的健康都是很重要的课题；在信息经济时代，健康保健的重要性更高。改造成功的企业应该运用高科技，高度地关心员工健康。

对许多企业而言，他们最大的供应商其实是医疗单位。根据多数统计资料显示，医疗保健占企业总支出的4％～10％。仅在美国，约15％的国内生产总值就花在医疗上。

为了管控这些开支，多数改造成功的企业准备采取以下两种做法：

(1) 高科技——以管理智慧结合逻辑做法来降低健康医疗成本。

(2) 高度关怀——许多企业现在主动帮员工上健康保健课程，强调预防胜于治疗的重要性。

以下是其他几种控制医疗费用日益攀升的做法：

（1）密切核查医疗开支——根据估计，高达15％的医疗开支都有浮报虚报的情形。许多企业发现，每花1美元核查诊疗账单，检查支付的保费是否符合所得到的医疗品质，就能节省3美元的费用支出。

你甚至可以请员工检查自己的医疗账单，如果医院有任何超收情形，企业可以和员工对分差额。

（2）雇用医疗专家，以监督医院所建议的疗法——经过同行业的检查，这些医疗单位的做法可能会有显著改变。

（3）结合地方企业团体，致力于降低医疗支出——集合众人智慧找出不合理的地方，控制医疗费用。

（4）积极主动，成立自己的诊所——长期而言，这可能反而更具成本效益。

（5）自我保险——与其付大钱给医疗保险公司，企业不如将这笔经费存入一个独立账户，以支付医疗开支。你甚至可以投保相对便宜的止损保险来避险。只是这种保险计划必须支付非常高额的自负额。

（6）企业成立自己的“特约医院”（简称HMO，HMO一般是由保险公司出面与医院协调签约而所组成的医疗团体——保户要是到这些与保险公司有合作关系的医院看病，就能享受优惠价格）。

HMO的服务重点是保健而不是治疗，提倡“小手术、不住院”与其他能控制成本的做法。如果你的工作地点还没有类似特约机构，企业就自己设立一家，你很快会发现，地方上的医院和医生为了和你竞争，会很快成立另一个HMO。

（7）参加优惠医疗护理组织（简称PPO）——PPO是一种特定医疗组织，主要帮助想降低医疗费用的企业及个人，联系希望拓展业务并不惜降价求售的医院。他们提供对医患双方都有利的医疗服务。

（8）把病情较不严重的急诊患者送往独立的急诊中心——这些急诊中心通常是当地的小型诊所，成立的目的是为病情不是太严重的患者提供比医院急诊室更快速、便宜与高效的治疗。

（9）利用外科中心动小手术——对于风险较低的小手术而言，这种外科中心和大型综合医院比起来是更经济的选择。患者手术后通常能自己在家康复，因此这种外科中心除了便宜的优点外，通常对病人也更为便利。

（10）建立禁烟的工作环境——各项研究已经明确吸二手烟对健康的危害。禁烟的工作环境也比较干净宜人。

（11）从员工福祉的角度来改造企业——寻求有效方式来提升员工的身心健康与整体福祉。进行有创意、有趣，又结合企业文化的活动，员工会喜欢这个点子。

长期执行以下两件事：

◎向员工表示他们对企业是重要的。

◎以预防胜于治疗的做法降低成本。

长期执行上述做法可以让企业拥有一个良好的环境，而不同于其他企业。

关键思维

我们似乎已经能控制通货膨胀了，然而医疗花费的膨胀却丝毫没有改善的迹象。

——保罗·沃尔克，联邦前准备理事会主席

当你检视所有支出时，医疗保险费用马上就会吸引你的注意，因为它的增加幅度是最惊人的。我们估计，医疗费用在一个售价 57 美元的轮胎中将占 2 美元的成本。

——罗伯特·默瑟，固特异轮胎公司董事长

健康与事业经营的关系越来越密切。在以往的时代，农夫一整天在田地里干活，劳工靠体力工作，那时我们都不太需要下班后还去健身房。

但现在，几乎所有的劳动人口都是“上班族”，我们一整天都在用脑，四体反而不勤。在这种环境下，大家都很清楚健康风潮不会是个短暂的趋势，这也是为什么企业应该高度关心员工健康与健身问题的原因了。

——约翰·奈斯比特、帕特里夏·艾柏登

七　女性与企业

信息经济是为女性“量身定做”的，这是凸显女性经济成就的时代。任何决心进行改造的现代企业都必须考虑赋予女性更重要的角色。

女性的薪资一直以来都只有男性的50％～60％，而且大多数女性的职位也都停在基层位置(如秘书、店员、零售员)。这种情形正在发生快速改变。

随着人类进入信息社会，女性擅长的信息传递能力会促使女性投入特定职场领域，比如教职、辅导员等职务。因此，培训背景相似的两性工作人员的薪资将日趋平等。

过去职场上很少出现“职业妇女”这样的角色。在现代经济里，多数女性都能自己选择有意义的工作。许多女性会工作到生产前，然后在孩子入学后重返工作岗位。

这种趋势对企业造成以下几种连锁效应：

◎双薪家庭不愿接受外派的工作，因为这会对另一半的工作造成影响。

◎大多数的高收入家庭之所以拥有高收入，是因为夫妻双方都有工作。

◎零售业者发现他们必须延长营业时间，以吸引专职工作的女性顾客。

◎为顾及职业妇女照顾小孩的需要，许多企业会调整工作时间，提供多种工作时段，让员工能依个人需要进行选择。

◎明智的企业意识到妇女除了有专职工作外，还要照顾家庭。为了满足这些需求，部分企业提供家政服务，例如保洁、帮佣、保姆，以满足职业妇女平衡各种角色的需要。

◎有些企业十分重视为职业妇女提供日间托儿的服务，这种做法可以有效提高工作生产力，减少请假情况，提升员工士气。

◎“同工同酬”的概念是只看工作性质付酬，而没有性别差异，这个观念已经深植在高科技与专业服务行业，并且将遍及整个经济体系。同工不同酬只会鼓励女性自行创业。

关键思维

数十年来，在企业工作的男性发现，不论做什么都比当选总统容易；然而对美国女性而言，当选美国总统却比当上 IBM 董事长要容易。

——杰罗丁·费拉罗，美国前议员

中国人说：“妇女能顶半边天。”现在出来工作的女性和男性一样多。认识到女性对自身未来同样有贡献的企业不仅会吸引最好的女性员工，也会吸引拥有新时代两性平权意识的男性员工。

——约翰·奈斯比特、帕特里夏·艾柏登

职业妇女显著增加是本世纪少数的几项重大事件。过去 20 年来，卖方市场已变成买方市场，企业的变化却赶不上劳动人口的变化。企业如果抱着卖方市场的老大心态，就会妨碍自身业务拓展，未来势必被迫作出改变。市场的力量会迫使人类改变长久以来的习惯、传统和心态，使得企业不得不肯定并且奖励女性员工的贡献。

——约翰·奈斯比特、帕特里夏·艾柏登

女性正涌入就业市场，刺激经济增长，协助经济的大幅改革。女性掌握了过去10年超过60％的新工作机会，同时也在主流经济由工业转为服务业的过程中扮演关键角色。快速扩张的劳动力是促使经济快速增长的主要因素，因此女性大量进入劳动力市场可能是美国自19世纪70年代发生石油危机以来，经济较其他国家强势的主要原因。

——《美国商业周刊》

美国强盛的一个鲜为人知的原因就是，只要给美国企业员工提供选择的自由与良好的工作环境，他们其实都迫不及待地想担负起企业成败的责任。所谓改造成功的企业其实就是那些“500

强企业”，评选这些企业的标准不是看数字，而是看他们给员工提供什么样的生活品质。大家会知道这些企业提供了极佳的个人成长环境，因此也会吸引最杰出的人才，以确保企业能够永续经营。我们希望你也能为“500强企业”做事、赚钱、愉快地工作，而且拥有相处融洽的同事。

——约翰·奈斯比特、帕特里夏·艾柏登

专家解读

随客户升级的转型之路

文/王绍新

哪一类人比较能够洞烛机先，带领企业实现转型？答案并无定论，原本执教的信邦董事长王绍新在弃教从商后，一路带领信邦转型，也为企业转型塑造了另一种全新的典范。

在洞悉原主力产品连接器即将进入“战国时代”的先机后，信邦在法人说明会上打出了前所未有的“蜕变的信邦”最高指导原则，宣布信邦由单纯的连接器厂正式跨入最时髦的手机、能源、光通信行业，同时也将企业运营推向高峰。

转型好不好，数字会说话

这样的转型到底成不成功？也许可以从运营数字略窥端倪：信邦在 1991 年时获利仍处于相对低档，全年税前盈余仅 2.89 亿元新台币，创下挂牌后的新低，但在顺利转型后，自 1992 年起，获利再度飙升，当年就涨到3.71亿元新台币；1993年更一路攀升至4.91亿元新台币，并顺利拿下获利最高的历史纪录。

引领信邦一路转型的领导者正是信邦的董事长王绍新。王绍新在20世纪70年代毅然放弃稳定的教育工作，投身电子行业。一向坚持走自己的路一向坚持的他选择了瞬息万变的电脑周边行业，从此也注定了信邦必须不停蜕变求生的命运。

随着信息化时代的来临，台湾地区连接器的极盛期也同步到来，以生产连接线并代理日本知名品牌HIORSE连接器起家的信邦电子在1989年成立。初期信邦以专业的连接线器组装及代理厂自居，主力产品为附连接器接头的连接线。由于连接线是电脑系统与周边产品的电子信号传输通道，在掌控电脑产品周边关键零部件的生产技术后，也顺利提高合作对象的层次。当时与信邦电子合作的对象不乏知名企业，也同时与他们建立了牢不可破的策略联盟关系。举例来说，信邦一度与广达、明基、华硕与美商讯宝 Symbol 等大厂合作研发条码扫描仪系统，还是三星的连接线与 PCBA 供应商之一，另外也与美国 Valence 公司合作，进行电池匣的设计与组装。

研发是转型的命脉

在与大厂合作的过程中，为了提升产品层次，信邦电子也投入人力成立了研发部门，希望信邦在转型成为系统整合、高频传输等技术的 ODM（原厂委托设计）厂的道路上可以走得更顺利。通过研发部门的努力，信邦电子也确立了与其他连接器生产厂商不同的最大优势，就是可以做到将连接器、连接线的软硬件整合，提供客户 ODM 及 Turn-Key 等整体的设计与制造服务。由于有“个性化”的优势，信邦不至于太快陷入连接器的价格混战中，从而有充分的前置时间为转型作准备。

即使期许自己的技术要走在市场前面，且同

步提高往来的客户层次，也无法让信邦独立于价格战之外，顶多只是延缓冲击到来的时间而已。伴随着个人电脑市场竞争进入白热化阶段，就连电脑大厂也不得不加入价格战。为了确保自己的利润，大厂也不得不拿出压缩下游厂商毛利的杀手锏，这时信邦也开始尝到了苦果，“很多时候接单都是亏本买卖”。由于很多厂商根本不负责库存，当市场需求发生改变时，厂商一句下个月不再进某一型号的产品，按计划生产的信邦就顿时多出了不少库存。在电子产品跌价迅猛的市场情况下，信邦经营面临前所未有的压力。

认识到连接器市场越来越难做后，信邦开始观察主要客户的方向，察觉到包括明基、华硕在内都在进行转型，朝生产毛利较高的消费性产品前进，包括手机和 MP3。这样的态势也给了信邦一个转型的启示，也许与主力大厂同步朝光电、手机零部件方向前进是企业转型可以考虑的方向。

看好行业的新趋势，伴随着主力客户的转型，一向坚持与大厂同步成长的信邦将既有的产品线从连接器延伸至USB2.0及高频通信网络产品、PDA周边组件和2.5G/3G的手机用资料传输模组等产品，并跨入能源产品的设计领域，在新产品接单持续增加的情况下，信邦对连接器获利的依赖也在同步下滑。

全新编制，迎接全新挑战

为了迎战全新的改变，在两年前信邦将企业编制进行全新的改变，将既有的CABLE、零部件两个事业部更细密地区分成4个事业部，包括光电、DMIS（研制整合服务，指将线材、连接器、印刷电路板做整合）、能源管理（主要生产个人电脑专用的第二颗电池）和电子周边零部件。此举虽是小小的动作，但也间接展现了信邦转型的决心。

配合新事业部门的分组，信邦也将企业转型的信息传达出去，每个被配置到新事业部门的员工都会获得该事业部主管的充分告知，解释企业为何要做这样的分组。尽管新事业部门的分组在局外人看来是一个“大手术”，但对信邦的员工来说，改变并不大，原因在于原本信邦接单弹性就极大，不少订单会加入特殊的个性化要求，对于应对市场改变，信邦员工早有经验。

另一个造就员工全心配合企业成长的背景则来自于信邦董事长王绍新获利分享的理念。他出身教育界，原本担任青年中学老师，凭借理工科出身的专业背景毅然投身电子行业，将信邦带入上市公司之林，从老师变成商人，与其他老板心态较为不同之处就是王绍新对于增强员工向心力以及激励员工方面别具心得。早在企业成立之初，信邦就积极鼓励员工入股分红，一路走来，许多元老级员工的财富也与企业共同增长。

应对新的分组，信邦也在管理制度中加入了一些新元素，其中较具影响力的应该是利润中心制，从此每个事业部的获利以及对企业的贡献都可以更为清晰，方便企业更加清楚地掌控未来的方向。

除此之外，信邦在生产上也及时导入了供应链的观念，为了更进一步掌控技术，一向以外包为主的信邦也慢慢地将自制比重提高。在转型前，信邦采取三成自制、七成外包的模式。但近几年通过新厂的设立，信邦已顺利地将内外制提升到比重各半的情况。

信邦设立新厂不仅有掌控技术的策略意义，同时也透露出信邦迈出台湾地区的意图。近年来，信邦电子不断拓展外部市场，除积极拓展原有连接线生产及 LCD、RF Module 代理等业务外，更跨入背光模组的组装与生产；另外江阴分厂也已完工，为其布局开启新的局面。

信邦去年在手机及光电通信零部件客户下单量激增的情况下，每股盈余一路飙升至 4.3 元新台币，创下历年来新高，同时事业版图也由手机零部件跨向新开发的汽车及医疗零部件，预期这两个新产品线将成为信邦未来重要的增长动力，期望集团每年营业收入都能维持三成的稳定增长水平。在新领域的持续布局下，对于全球战略部署，信邦也有一套特有的逻辑。依据信邦的规划，台湾母公司着重在开发高附加值产品及高毛利产品订单；江阴分厂针对系统产品、线材加工及 PCBA 等研制整合产品服务，以就近供应华东地区的客户；北京分厂则针对高频同轴线加工、特定汽车及工业用市场等零部件，加强特定产品的新市场开发；东莞分厂目前则以手机背光模组为主轴研发新一代背光模组，形成完整的区域性生产据点布局。

展望未来，信邦对未来行业趋势也有一套自己的见解。信邦认为，新形态手机仍会不断地改进其功能，如照相手机需求、智能手机使用会越来越普及，换机需求商机仍可期待，而能源产品未来仍会扩大到手机、PDA、便携式影音设备及数码相机等产品市场。另外在光电产品中，液晶显示器、液晶电视等产品零部件也会在价格及成本下降后逐渐形成规模经济。信邦4大事业部在未来似乎仍有着力的地方。看来信邦的转型仍有望为信邦获利增长带来不小的驱动力。

作者简介

王绍新，1938年1月10日出生。淡江大学数学系学士、上海复旦大学企业管理硕士。曾任青年中学教师、AMP业务经理，现任信邦电子董事长。

趋势大师如此简单

The Trendmaster's Guide

Get a Jump on What Your
Customer Wants Next

原著作者简介

罗彬·沃特斯(Robyn Waters)，一家趋势顾问公司的创办人兼总经理，该公司专门为企业客户追踪最新消费趋势。在成立自己的公司之前，沃特斯曾担任知名大卖场 Target 的产品研发副总经理长达 10 年的时间，在美国零售业有超过 25 年的经验。

本文编译：曾湣菁

主要内容

关键词解读

趋　势

趋势暗示着未来的发展，但是却很容易被忽略。如果能够发现趋势的存在并且善加利用，就可以凭空创造出巨大商机，把原本局限的小块消费市场扩大到最大范围；而流行是一种集体的模仿行为，是把趋势放在由营销、管理和传播构成的商业架构中培养，让趋势从一种迹象变成明显的现象。发现趋势的人不一定能因此致富，但把趋势变成流行的人反而比较可能致富。日本食品大厂养乐多靠乳酸饮品赚了一大笔的钱，但最初研发出那株酵母菌的生化研究员只拿了该企业数万日元的奖金。

掌握趋势不是趋势大师的专利，每个行业都有擅长判断行业趋势的人，他们能够独领风骚。在 20 世纪 80 年代末期，台湾地区泡沫经济发展到极端，山珍海味等高档餐厅都不怕没生意。在钱包缩水的现在，一盘 49 元新台币起价的“平价快炒”硬是比卖药膳养生套餐的幽雅餐馆更加高朋满座。掌握上班族外出就餐趋势的厨师即使是在火热厨房里与锅铲奋战，其成功几率也远胜那些随波逐流或拾人牙慧的后知后觉者。

产品的灵魂

消费行为不只是理性选择，同时也受到感性因素的驱动。在强调感性营销的现在，产品诉求的重点已经从产品功能转换到产品体验。统一集团总经理林苍生指出："看不见的东西对企业影响更加深远。"而这看不见的东西落实在产品上，就是产品的灵魂。产品的灵魂来自于内在的设计以及外在的品牌形象。

优秀的设计不仅能赋予产品造型，更能为产品注入灵魂。《欧洲商业论坛》曾经这样写道："在制造产品时，如果能在基本功能之外的感性层面为产品塑造迷人的个性，不但可以增加对消费者的吸引力，也可与竞争对手产生区分，这种策略在已经成熟的市场尤其重要。"美国《商业周刊》也指出："如今在汽车行业，设计才是最大的卖点。”即使一向标榜极简风格、以功能主导外形的德国汽车界，也不得不顺应潮流。大众汽车新任的设计部门主管就表示：“如果车子没有散发出热情，将来一定无法存活。”

品牌代表的意义与象征就是另一种产品的灵魂。以韩国三星电子为例，从大规模制造成功转向经营自有品牌，一大关键就是品牌形象。为了强化品牌形象，三星在美国市场上，不惜将电视、DVD、电脑等产品撤出沃尔玛、凯马特等大型量贩商场，转到百思买、美国电路城公司、西尔斯百货，以及电器产品专卖店销售，更将目标顾客锁定在电子时代，为旗下的产品注入了“年轻·流行·时尚数码先锋”的灵魂，从而成为全球品牌价值提升速度最快的企业。

5分钟摘要

26 项工具让你成为趋势大师

和一般人想的刚好相反，新趋势不一定是由前卫时髦的“超酷潮人”最先发现的。这些人充其量能帮助企业跟上时代，他们是“趋势追踪者”。然而，你得成为趋势大师，开启新趋势，并且为你的企业与顾客将趋势转换成有意义的点子与概念。好消息是，通过采取正确的心态、运用 26 项工具与趋势专业的技巧，每个人都能成为趋势大师。

关键思维

我认为任何人都能运用这些工具，让他们能够更清楚地觉察到世界的变化。即使你没有嗅出趋势变化的天分，也不必永远都像副手一样追随别人。在当今世界，如果在别人已经掌握趋势之后才想到奋起直追的话，后果将不堪设想。辨别与回应趋势是一项可以经过学习而获得的能力，你不必远赴米兰，也不必跑到美国橘郡的高中去观察新趋势。如果你曾目睹趋势的发生，并且这样自言自语："我早该预料到的！"那你就有希望了。你也能够成为一位超越竞争对手的趋势大师。

——罗彬·沃特斯

趋势追踪不是在寻找唯一的正确答案，而是去开启很多的可能，然后想办法让别人因为这些可能而感到兴奋。你必须要用能激起热情的可能性去对抗平庸。

——罗彬·沃特斯

轻松读大师

一　伸出触角

要不断探寻不搭调的小事物，未来趋势就从那里开始。

要成功发掘下一个大趋势，伸出你的“触角”，启动你的“扫描仪”。看看在所有搜集的琐碎信息里，有没有不相干的点子能串在一起产生创新的商机。

例如，莫妮卡·纳西夫自问：“为什么洗碗不能变成愉快的体验呢？”她雇用了一位化学专家，开发出具有芳香疗效的洗洁精、洗手肥皂与护手乳液。接着她成立自己的公司“卡尔迪亚”来营销这项产品。现在，她的事业蒸蒸日上，而且还在继续扩大产品线。

关键思维

大家总是把乍看之下没什么道理的事抛在脑后。然而，就是这些事才值得我们注意。你很可能已经在无意中看到了下一个大趋势，现在你要做的就是让自己能够正确辨认出这个大趋势！

——罗彬·沃特斯

二　眼光放远

别拘泥于小细节，从顾客的眼光看事情要看得更远。

如果对小事过度执著，你最后反而可能在无意中减损产品对顾客提供的价值。有时如果能退一步，看看你为了竞争所拟订的计划是基于哪些基本假设，将会是更好的做法。

例如，油漆公司每年花费千百万美元来研究如何使油漆的品质更好——如色彩更闪亮、油漆更持久、更方便清洁、含毒量更低等。有家叫“荷兰男孩”的公司停下来思考：“为什么油漆一定要用锡罐装？这种罐子的盖子难用、没有倒口，提手环也总是不大好用。”与其为油漆本身伤脑筋，不如把时间花在设计出更好的油漆罐上。结果“荷兰男孩”开发出一种结合手把、旋转瓶盖、倒口，重量又轻的塑胶罐。当这项设计推出时，该公司的营业额呈现了两位数的增长。

关键思维

这需要一个观点略有不同的设计师提出没有人考虑过的疑问，有个脑筋灵光的人想到：或许顾客要的不是更好的油漆，而是更好的“油漆体验”!

——罗彬·沃特斯

眼光放远时，可能让你摸不着边际，然而却值得一试。眼光远就等于大机会!

——罗彬·沃特斯

要把眼光放远，就必须有正确的观点。在森林里迷路时，循着原路往回走，重新检视原先的假设。问自己是不是问对了问题，从每个角度测试你的假设。最重要的是，要从终端消费者的视角看问题。

——罗彬·沃特斯

三　连点成线

尝试将所有吸引你注意的小细节连在一起，看看是不是有新趋势正在形成。

新趋势从来不会“突然”形成，反而总是有一些零星的信息会先引起你的注意。最后，积累了越来越多的信息之后，忽然间你会把先前的零散信息串在一起，从而看出每件事最后的结果。

例如，当惠而浦卖出越来越多的 Duet 品牌洗衣机与干衣机时（每台售价高达 2000 美元），就发出一种信息，暗示大家不见得老是想把洗衣间藏在地下室里。等到惠而浦的市场占有率达到 20％时，美泰与其他制造商也跟进，推出高效率、高价位的洗衣机。室内设计师开始把高级、个性化的洗衣间纳入设计的考虑，让洗衣间可以和生活空间整合在一起。单就个别信息看起来没什么大不了，不过当你把这些信息联系在一起时，就可以明显看出未来家居洗衣间的新设计趋势。

关键思维

就算有些引起你注意的小细节看来没什么道理，但也别忽略了。这些细节会引起你的注意，通常表示你的右脑正在运作，并用力思考。只要给大脑一点时间，你就能把点连成线，趋势就出现了！

——罗彬·沃特斯

四　设计

未来是属于产品设计既具备功能又有灵魂的企业。

设计是把点子转变成实际产品的工具。杰出的设计的确能刺激销售，提升利润。现在许多商品功能都一样好，所以绝佳设计就成了在市场上胜出的条件。

比如，苹果公司能生存下来的原因是他们把好的产品设计看成产品的重心。iMac 就是刻意设计成“用户的功能配件”，而不是摆在桌底的机器。同样，大受欢迎的 iPod 也变成数码音乐的象征与时尚配件，原因不只是因为其时髦的设计。iPod 之所以较其他同类产品更突出，是因为产品被设计成消费商品，而不只是希望吸引对技术着迷的电脑迷。

关键思维

15 年前，企业比的是价格；今天比的是品质；明天比的是设计！

——罗伯特·海耶斯，哈佛商学院教授

一旦你找出想发展的趋势，该怎么落实概念呢？设计就是将概念转变成实际产品的工具。我们目前正处于产品设计的革命时代，了解“好的设计涉及的不只是功能与外观”的道理很重要。好的设计除了使你的销售成绩更亮丽，也会让产品拥有灵魂。

——罗彬·沃特斯

五　不拘泥于细节

把焦点放在最重要的事上，避免提供太多选择。人们渴望简单。

几乎每一种商品都有太多的选择，这不但无助于顾客作抉择，反而会让他们混淆。把重心放在对顾客真正重要的事上，不管其他繁琐的细节，这是很重要的。

巴黎、米兰与伦敦有些逐渐流行的新零售概念就提供了极佳的例子。这些精品店的老板在采购商品时，会为顾客预先过滤各种品类，让顾客不必面临太多选项，顾客就可以从两三种商品中选择他们想要的。不像传统商店一次提供三四十种风格迥异的商品，顾客还得从中精挑细选。

关键思维

信息太多又未经筛选是有害的。禁止像裹脚布一样又臭又长的点子清单！把重点放在真正重要、特别或值得注意的事上。强迫自己与你的团队选出 10 大点子或者 3 大点子。更完美的是，要找出对顾客最有影响力的点子。筛选整理信息并聚焦，然后全力以赴！

——罗彬·沃特斯

六　融合

具有延续力的趋势通常是由多个小趋势结合而成的。

大趋势多半不会只基于单一概念，反而是由多个比较小型的趋势汇聚而成。每个小趋势之间的互补作用强化了大趋势的吸引力。当趋势融合时，要提供与顾客最重视的事相一致的产品就容易了。

例如，“果格”管装酸奶是通用磨坊与优沛蕾共同研发出来的点心，其概念是把酸奶放在像牙膏一样的软管里。这项产品是几个小趋势汇聚的结果——是一种方便携带以及符合健康的点心替代品。果格对小朋友而言十分有趣，对母亲来说又很方便，因此产品十分成功，甚至创造出一个新的产品类别。现在，许多食品制造商都采纳了这个点子，将花生酱、苹果酱甚至布丁都装进了软管包装，让活动量大的儿童能方便食用。

关键思维

在每个人的生命中，有时内心的那把火会熄灭。通过遇见另一个人，我们重燃心中的那把火。我们都应该感激那些重新点燃我们心中之火的人。

——阿尔贝特·施韦泽，哲学家兼医生

七　有胆识

想成功地领导，你就要有超越一般人的信念，并勇往直前，而且必须与众不同。

要成功地利用趋势赚钱，你必须有胆识与风度。当你尝试不同做法重塑竞争版图，以争取更多优势时，总是需要胆识才办得到。然而如果想长期地维持成功，除了要有强烈的动机与热情，还必须加进风度这项因素，这样才能调和这几项特质。不管做什么，都必须有优雅的品位，否则就不能持久。

西班牙毕尔包的古根汉博物馆就是呈现胆识与风度的极佳例子。对地方长官来说，批准兴建博物馆的创新设计是需要胆识的。自博物馆兴建以来，其高贵优雅的线条让毕尔包市中心整个活跃了起来。当人们到市中心吃饭购物时，整个市区都充满了新气息。

关键思维

风度永远不会不再流行。千万别因为觉得心里痒痒，就去做没品位的事。我的建议是，优雅、精致与品位三者永远错不了。

——罗彬·沃特斯

八　3个H

消费者总是会基于下列3个理由购物：理性（Heads，为了满足合理需求）、钱包（Handbags，觉得值）与感性（Hearts，喜欢）。

趋势观察家与趋势创造者必须记得，永远要把焦点放在顾客身上。实际上，这表示你必须做到下列3件事：

（1）开发符合顾客理性需求的商品——能够符合顾客真正的需求，并且兼具实用性与功能性的商品。

（2）开发禁得起“钱包考验”的商品——也就是价值与价格适合的商品。

（3）开发诱人而且值得拥有的商品——也就是那种顾客看到之后会说“我想要一个”的商品。

法国设计大师菲利普·斯塔克为 Target 设计的婴儿鸭嘴杯就是通过“3 个 H”考验的好例子。斯塔克设计出在杯座上有两个像切割水晶把手的独特鸭嘴杯。但是这款鸭嘴杯的外形实在是太特别了，所以销售潜力似乎不被看好，一直到斯塔克证明了这款鸭嘴杯符合“3 个 H”的原则。斯塔克证明了鸭嘴杯就算被打翻，杯子里的饮料也不会溢出来（理性），而且这个鸭嘴杯物美价廉（钱包）。小女孩在用这款鸭嘴杯喝东西的时候，会觉得自己像公主一样（感性）。于是这项产品大卖，最后还成为斯塔克系列产品的代表作之一。

关键思维

说服别人靠的不是智慧，而是情感。

——亚里士多德，古希腊哲学家

和顾客交心，就可以帮你开发出让人惊叹的产品！

——罗彬·沃特斯

九　直觉与直观

有时候你就是得跟着感觉走，而不是等积累到足够的统计资料后才下决定。

追踪趋势的重点是预测未来可能会发生什么事。商业界所有例如六个标准差以及其他类型的统计分析都是在事后才评估实施的成效。这种后见之明的定性分析虽然有其价值，但是要产生真正值得参考的趋势建议，你还是得靠直观感受，并且仔细地倾听自己的直觉。

预测趋势是属于右脑的活动。你要靠的是直觉，而不是成堆的资料。你要根据各种不断变化的因素去揣测未来可能发生的事。要成为名副其实的趋势大师，你在某个阶段一定得依靠直觉去预测未来会发生的事，而不要依赖统计数据作推断。

关键思维

信息与数据当然是重要而且不该被忽略的，但是它们并不代表全部。

——罗彬·沃特斯

我们应该扬弃知识，这样人类将会比现在幸福一百倍。即使有一个人博学得像“活的百科全书”一样，他依然是个被误导的傻子。

——班尼特·古德斯皮德，作家

我相信，能被计算的不一定重要；重要的事不一定能被计算。

——阿尔伯特·爱因斯坦，物理学家

十　量身定做

最热门的趋势就是“个性化”。这项服务让顾客能表现自我。

自从亨利·福特提供消费者标准化T型车以来，消费世界已经大为不同。如今的消费者要求个性化的产品，而成功的企业也正在提供以下各种个性化的服务：

◎iPod使用者可以选择自己想买的歌曲以及歌曲播放的顺序。

◎TiVo机顶盒让顾客可以在任何时间，看任何他们想看的电视节目，同时还可以选择是否跳过广告。

◎Target给顾客提供一套网上流程，让顾客可以量身定做服饰。

◎星巴克提供大约1.9万种喝咖啡的不同方

法，而且在许多店里都有了解你个人口味的咖啡师。所以你每天只要说“照老样子”就够了，不必再一一交代你要的口味。

◎现在大概有95%的Mini Cooper都是定制的。这家公司甚至提供网上追踪系统，让顾客知道自己的新车在为期8～12周的生产流程中已经组装到什么阶段。大约有半数顾客会为爱车命名。

◎丰田的新Scion XB可以在生产过程中依照顾客需要进行定制。顾客可以指定方向盘的颜色、仪表板灯的颜色、椅套的设计等。顾客甚至可以指定车子里要有多少个置杯架。

◎M&M's巧克力提供网上订购服务，顾客可以从19种颜色的巧克力中搭配出自己想要的颜色组合。如果需要，M&M's甚至可以在糖果上印你的名字或贺词。

◎一家新的冰淇淋公司“酷圣石冰淇淋”让顾客选择自己想要的蛋卷筒、冰淇淋的口味，以及黑樱桃、M&M's 或 Reese's 巧克力豆等配料。顾客点的冰淇淋是在冷冻过的大理石板上，用金属抹刀搅拌、加料。该店也因此命名为“酷圣石”。

◎饮料商琼斯汽水让顾客上传自己设计的图像，然后把顾客设计的图像印成软性饮料的特制标签。

关键思维

趋势追踪在过去是迎合大众口味的方法。“趋势”隐藏的意义就是每个人想要的东西。然而，时代已经不同了。为了趋势而追求趋势一点都不符合潮流。现在的新口号是“量身定做”。“个性化”是商场上的新战场，关键就在于表现自我。

——罗彬·沃特斯

不要去寻求“普遍适用”的解决方案。提供个性化的选择与点子。帮助顾客有创意地表现他们与生俱来的个人特色。

——罗彬·沃特斯

十一　简单化

保持简单。只要帮顾客把事情处理得越不复杂，顾客就会越欣赏。

人类似乎总是想把事情弄得很复杂，其实根本没有必要，追踪趋势也是这样。别以为新趋势一定得纷繁复杂才行得通。你反而应该留意简单又有效的点子。

脆奶油甜甜圈就是很好的例子。甜甜圈是油炸的糕点，成分有面粉、糖和酵母。然而，每次只要有新的脆奶油甜甜圈加盟店开张，排几个小时队才能买到甜甜圈的情况就见怪不怪。事实上，当第一家脆奶油甜甜圈连锁店在夏威夷茂宜岛的卡胡卢伊开张时，还造成了航空公司一阵大混乱，因为几乎所有去机场的旅客都会先停在免下车服务窗口买甜甜圈。旅客会提着一盒又一盒准备送给亲朋好友的热甜甜圈登机，把座位上方的置物箱全部塞满。不但旅客没有位置放随身行李，整个机舱也开始闻起来像个“空中面包店”一样。最后，航空公司只得限制每位旅客带上飞机的甜甜圈盒数。

关键思维

简单是很棒的事。如果你让事情保持简单，就会更容易找到好点子所蕴含的真谛。

——拉尔夫·沃尔多·爱默生，美国思想家

当你有所质疑的时候，用一点常识想想看。退一步问问，你尝试呈现的事物是不是可以更简单、更流畅一点。你的产品或点子如果具备了简单的特质，一定会出类拔萃。

——罗彬·沃特斯

十二　轻松一下

追踪趋势应该是充满乐趣的，而不是什么攸关生死的重大事情。你拥有的乐趣越多，想到的点子就越好。

有时候，太过斤斤计较得到的结果反而更糟。解决之道就是放轻松，并且在过程中注入真正的乐趣。不变的是，你从开发产品的过程中创造越多的乐趣，你想出的点子就会越好。

例如在几年前，Target 的产品开发小组为了构想出完美的 T 恤而绞尽脑汁。为了让组员能有创意地思考，组长找来各式的帽子摆在桌上，让每个人戴上其中一顶，然后大家想象对于戴这种帽子的人，最适合的 T 恤会是什么样子。在每个人轮流描述脑海中闪过最棒点子的时候，一个简单却有力的金点子就这样产生了，这个点子让每个人都赞叹不已。结果这款T恤成为零售业里非常成功的例子。

关键思维

当你灵感枯竭犹如走入死胡同的时候，放松一下。找点乐子，做点疯狂的事。把标准流程抛到九霄云外，然后尝试运用一点幽默。

——罗彬·沃特斯

这不是动脑部手术！用力过度只会让事情更复杂。

——罗彬·沃特斯

十三　魔术按钮

好的趋势追踪者总是在寻找那个能启动自己“魔术按钮”的点子。

每隔一阵子，你就会碰到可以激发想象力的大胆新点子。好的趋势就是建立在这类点子上的。

例如，迪拜政府在几年前决定要兴建世界级的贸易与金融中心，大量涌入的跨国企业员工创造了巨大的住房需求。一家积极的建筑商利用无数从沙漠取得的石头，在迪拜沿海建造了一座巨大的人工岛，岛屿的形状像棕榈树。这个楼盘销售一空，所以建筑商紧接着又在离岸更远的地方盖了第二座人工岛。由于第二个楼盘同样销售一空，建筑商开发了第三座更奢华的楼盘，把260座人工岛分别建造成世界上各个不同国家的样子。每座岛屿都有自己的豪华别墅和只有乘船才到得了的宫殿。

关键思维

不管点子是大是小、简单或者复杂、廉价或者昂贵，如果可以让你觉得高兴，这个点子就很有可能会对别人产生同样的魔力。

——罗彬·沃特斯

十四　没有秘密

现在这个时代，每个人手上都有很多信息。你的挑战是，如何创造出独一无二的信息，而不是满足于自己已经拥有的。

在过去，追踪趋势是一种非常“地下”的活动，追踪趋势必须使用商业间谍等很多手段和方法。然而在网络时代，根本就不再有所谓的秘密。每个人都很清楚业界里其他人在做些什么。

当今成功的关键在于把现在流行的趋势具体转换到品牌里，并且尝试做些对顾客有意义的事情。即便你已经掌握了引领业界风潮的最新信息，仍然必须把这个概念融入产品，从而让自己的产品独具一格。

关键思维

回到过去的黑暗时期，追踪趋势的人通常会被当作“间谍”。他们披着风衣、偷偷摸摸地拍下照片、偷抄设计图，还会无耻地复制样品。在如今的网络时代，趋势就像病毒一样四处散播。“鼠标”比“口碑”还有力得多。当这个世界没有秘密、信息无所不在，而且杰出设计唾手可得的时候，挑战就变成了要怎么做才能独树一帜。

——罗彬·沃特斯

如今的消费者比以前精明多了。要尊重消费者，而且永远说实话。你的脚步必须得快。少花点时间去担心谁会抄袭你的成品，多花点时间去了解消费者。

——罗彬·沃特斯

十五　观察

有时候，最明显的趋势就在你眼前，只不过如果你太忙的话，就会错过这个趋势。

你很容易会错失，甚至刻意忽略那些看起来很明显的信息，认为它们无足轻重。你每天都会被过多的信息狂轰滥炸，因此会习惯自动忽略大多数信息。在你尝试发掘新趋势的时候，这种习惯可能会是个问题。

先排除杂念。在尝试从各种信息中寻找趋势的蛛丝马迹之前，先找找最明显的趋势。不要冒进。

关键思维

学着放下成见，练习怎么不受限于自己的所

学。停止寻找你预期会找到的答案，你应该找出并且关注趋势的迹象和指标，让它们指引你未来的方向。

——罗彬·沃特斯

仅仅用眼睛看就能观察到很多事情。

——尤吉·贝拉，美国职业棒球名人堂捕手

老实说，没有人看得见一朵花，因为它太小了。我们总是没时间好好地看待事物。

——乔治亚·欧姬芙，美国当代女性画家

十六　热情

追踪趋势最重要的就是热情。要找到能点燃顾客心中热情之火的各种点子。

说到趋势，不会只有一个正确答案。其实，永远会有许多不同的选择。去找出能为你的产品或服务注入热情的点子。消费者想要的不只是功能性的产品，而是能激发热情的产品。

汽车制造商已经开始了解到这一点。2002年，汽车公司为美国消费者提供了1310款不同的房车与小型货车。其中表现亮丽的包括大众新款甲壳虫、克莱斯勒PT Cruiser、福特野马、Mini Cooper与悍马。这几款车都性能优越，但也引来消费者正反两极的评价，不是酷爱就是厌恶至极。绝对没有一款会被形容成国民车。

关键思维

正确的答案不会只有一个，也没有普遍适用的趋势。成为你团队里鼓励开创“可能性”的拉拉队队长，鼓励大家共襄盛举，提供意见。对新点子保持开放的心态。试想，再也没有比“办不到/不可能”这种负面态度会更快浇熄热情之火的了！

——罗彬·沃特斯

十七　经典

经典的产品完全不理会现在流行什么。有时候，不随波逐流反而能成就永恒。

有些产品就是会让人觉得很“对味”。这些产品都是经典之作，不必年年更新，加入最新功能。比如瑞士军刀、万宝龙钢笔，甚至是马天尼酒等就属于这类产品。在寻找新鲜或新奇点子的时候，千万别忽略了这些拥有忠实顾客的经典产品。

有一家名为 Rice to Riches 的新甜品店，就是以许多人心中的经典点心米布丁为基础，开发出更合消费者胃口的产品。Rice to Riches 用精选的食材、口味与配料，调配出一份又一份让顾客赞叹的甜点。Rice to Riches 有 20 多种精致口味的米布丁，顾客即便等 20 分钟才买得到也是心甘情愿。

关键思维

太过沉迷于追踪趋势，就很容易会让人忘记那些可以战胜时间的真正好东西。不要把全部精力都放在追逐下一个大趋势上，而遗忘了永远都会流行的事物。

——罗彬·沃特斯

当世界似乎有些失控、我们的价值观有些扭曲时，了解“不追求时髦反而是种时髦”是很重要的。

——罗彬·沃特斯

十八　共鸣

强大的趋势会与目标顾客群产生共鸣，两者会紧密联系，并且完全契合。

产品刚好符合趋势的时候，能与顾客产生深深的共鸣，不仅能与目标顾客群产生联系，更能符合顾客的价值观。从很多方面来看，有效的趋势会像管弦乐队一样，每一种乐器都扮演了重要的角色。只要有一种乐器走音，整个乐队的表演都会大打折扣。

例如，精品旅馆之所以受到欢迎，是因为它们提供了个性化的体验，并且专攻大型旅馆根本办不到的细节。所有贴心的小举动都可以让旅馆为旅客增添感性的体验，与旅客产生共鸣——比如在旅馆大厅的柜台提供刚出炉的新鲜巧克力豆饼干、每天早上供应免费的星巴克咖啡、晚餐时间免费赠送每位旅客一杯葡萄酒，甚至是提供高档的浴袍等。

关键思维

不管你是要设计一系列的服饰，还是要创造极致的服务体验，了解每个细节都必须符合顾客的价值观，这件事是很重要的。即使只是搞砸了一个小地方，也会有损品牌的整体形象。当你持续地考虑到每个细节的时候，你就能拨动趋势变化中与顾客产生深深共鸣的那根弦。

——罗彬·沃特斯

十九 灵魂

好的趋势是有灵魂的，那是一种难以言喻的活力、兴奋、质感与吸引力。

有灵魂的产品就是会具有比产品本身更大的意义。这种产品具有一些没有办法具体指出的特质，但也就是这些特质让人很容易就爱上并且想拥有它们。同样，有灵魂的趋势能与顾客在某个特别的层面上相互联系，并且使产品提升到非凡的层次。

有趣的是，有灵魂的产品可大可小、可昂贵可便宜、可精致可简单、可实用也可无用。举例来说，悍马、Mini Cooper、iMac、iPod、哈雷摩托、In-N-Out 汉堡、奥秀（OXO）挤蒜器、瑞士百年灵手表，甚至是琼斯汽水等，都是有灵魂的产品。上述所有产品之所以能让许多粉丝对其赞不绝口，而且赞美的程度远远超出产品的性能，就是因为灵魂奇妙地让这些产品有了自己的生命。

关键思维

有些概念，例如“美”在你尝试定义的时候就消失了。灵魂也是其中之一，灵魂也像“美”一样，在你遇见的时候马上就能感觉出来。

——查尔斯·汉迪，英国当代管理大师

你可以在你的企业或产品中找到灵魂吗？如果你不确定是不是能在看见“灵魂”的时候辨识出来，那就放弃自己寻找，去雇用办得到的人。有灵魂的人会去追寻自己的幸福，并且能化逆境为顺境。他们真诚、热情又乐观，而且会努力做出最好的产品与服务。因为这种人很少见，所以也容易辨认出来。

——罗彬·沃特斯

二十　转化

并不是所有趋势都对我们有意义，你得把趋势转化成对顾客有意义的语言。

这世上有难以计数的趋势等着你去发掘。在商业界，好点子、信息与灵感数不胜数。然而对你的顾客来说，并不是所有趋势都具有同等的重要性。要使趋势有意义，你必须去做顾客真正需要的事。

例如，众所周知移动电话已经发展得十分先进了。韩国的 LG 电子决定开发一种迎合阿拉伯顾客的手机。LG 开发了一款名叫 Qiblah 的手机，利用全球卫星定位系统，使手机能一直指出麦加的方向。这款手机甚至可以储存古兰经的经文，并且会在祷告时间发出“哔哔”的声音来提醒信徒。这就是充分地运用科技来开发产品，让产品具有顾客会高度重视的功能。

好的趋势研究还包括，要找到方法把技术转化成有意义的竞争优势。换句话说，强大的趋势一定是以顾客为中心的。你必须倾听顾客真正的需求，然后把现代科学技术转化为顾客会喜爱的产品功能。持续做好这件事，顾客就会四处赞扬你。

关键思维

不要一味地抄袭趋势概念或者热门点子。如果只是抄袭市面上已有的点子，你很难让自己与其他竞争者区分开来。想想看乐谱是怎么利用音符来诠释情感的。音符就只有那么几个，但数百年来，音乐家却总是能用有限的音符谱写出无数的创新乐曲。

——罗彬·沃特斯

二十一　热情不减

在你现在开发的新产品中注入无与伦比的热情。顾客要的就是这个。

大多数商业人士都太严肃了。他们把重心过度放在赚钱这件事情上，甚至不准自己露出一丝笑容。如果你能开发出异想天开又让这些人会心一笑的商品，这一点点愉悦的火花就可以让你的产品被更多人所接受。

以一组专为Target设计的新卫浴用品组来说。这组卫浴用品包括有同一设计主题的置杯架、浴缸配件、浴室防滑垫和牙刷架。一位20多岁又颇具天分的工业设计师刚毕业没多久，就被指定去想出一些新点子来开发一套专为儿童设计的卫浴用品。这名设计师接下任务后全力以赴，结果开发出了名为“泡泡世界”的卫浴用品组。这套用品组里的每一项产品都有着像海底生物一样的奇特造型。“威利鲸鱼”是用来套在浴缸水龙头上保护孩童不要撞到的套子。而“卡比蟹”是一种可以粘在浴缸上方墙面的玩具包。然而，这一套卫浴用品的主角则是名叫“史丹”的牙刷架。“史丹”不仅可以用圆圆的海星触角握住两把牙刷，肚子的中间还有一个按钮，只要小朋友一按，它就会唱歌。歌的长度大概是一分钟，刚好是美国牙医协会建议的儿童刷牙时间长度。

当设计师把这组产品展示给 Target 的采购人员看时，他们有些质疑，然而设计师的热情感动了他们，让他们也有些受到这种情绪的感染。于是 Target 的采购人员决定在这套产品上赌一把，结果这套产品为 Target 带来极佳的销售业绩。许多祖母都为了自己的孙子争相抢购，希望鼓励孙子经常刷牙，而且刷得更久一点。

关键思维

热情就像欢笑一样会感染。传播你的热情，感染越多人越好。你会对四周环境的变化感到大为惊奇。

——罗彬·沃特斯

如果连你都对自己的产品提不起兴趣，那么可以想象得到，你的顾客也一定会觉得索然无味。

——罗彬·沃特斯

二十二　求知若渴

要找出趋势，你就得求知若渴，平时要不断地积累知识。

要找出新趋势，你必须随时补充知识。实际上，这表示要读更多的书。杂志报道和网站只能提供粗浅的信息和让你知道重要的新点子，而只有书才能让你深入议题，探讨各项细节。

然而，这并不表示你非得亲自读完所有书。比如，你可以在工作团队里建立读书会。指定每个团队成员各读一本不同的书，然后准备一页读书报告，列出重点、相关故事和其他信息。然后请另外一位成员在公司的例行会议上讨论这些报告。如果在报告里标出重要内容的页码，然后把书放在大家都找得到的地方，方便其他人针对讨论过的议题中自己感兴趣的部分进一步查询，这也是个好主意。

关键思维

阅读、学习、行动、探索、体验，但最重要的还是阅读，而且我指的是读书！书能给你知识，而不只是信息或粗浅的认识。请专家推荐一些他们最喜欢的书，同时也跟他们分享你读过的好书。把智慧传播出去。

——罗彬·沃特斯

在你的职业生涯里，知识就像牛奶一样是有“保质期”的。

——路易斯·罗斯，福特汽车公司总科技长

在知识经济的时代，如果你不持续学习，就很可能赚不了什么钱！

——罗彬·沃特斯

在阅读的时候，我会在书后的空白页和封面或封底上记下关键词和句子，并使用感叹号、下划线、荧光笔、画圈圈甚至涂鸦等方式来提醒自己书中有趣或重要的内容。

——罗彬·沃特斯

二十三　出去走走

要加强你找出趋势的能力，你必须走出去，尝试新的体验。

下一个大趋势通常潜藏在生活中不经意及未经探索的领域。要发掘这些大趋势，你通常得有第一手的经验，也就是说要打破日常的生活习惯，去做一些不一样甚至有点疯狂的事。

追踪趋势的人把生命当作一场冒险。到国外旅行，体验新的文化、视野与声音，你不但可以通过这些体验进行充电，而且很快就会发现有一大堆的趋势等着自己去发掘。

关键思维

挑战极限！拥抱异端！习惯是让你裹足不前

的泥沼。如果你总是读同样的杂志、在同样的店购物、在自己最爱的餐厅点同样的菜，或者每天上班都走同一条路，别再这样做了。朝着未经探索的处女地前进，准备给自己来趟大开眼界、打破常规的趋势之旅。

——罗彬·沃特斯

我真地鼓励你们“拿下眼罩”，打破习惯，勇敢、冒险地闯一闯，即使只是偶尔为之（虽然我认为每天你都应该跨出自己的框框一小步）。你的观点会因此大大改变，而且在你年纪大的时候也可以有不错的故事讲给别人听。

——罗彬·沃特斯

二十四　强调

强调你的趋势里最突出的部分，并且把每个特点都放大N倍。

绝对不要假设顾客一听到你的趋势点子就能马上了解。强化你的信息，并且把包含产品包装、宣传方法和卖点的宣传文案资料都用来强化你要传达给别人的信息，这反而是件更重要的事。不要以为只要把所有信息一股脑地摆在顾客眼前，他们就会买账。

然而，务必确定你想强调的重点可以和顾客认为重要的价值相互联系。例如，在越战期间，美国空军殉职的飞行员比预期的多出许多。看来在交战时产生的巨大声响与混乱会让飞行员无法即时弹出飞机逃命。解决问题的办法不是去开发更刺耳的警报来告诉飞行员什么时机该弹出飞机，而是用小女孩的声音说："爸爸，爸爸，快弹啊!"于是问题迎刃而解。

二十五 你的直觉

在作关于趋势的决定时，跟着直觉走。做好该做的研究，然后就靠自己的感觉去判断了。

在 1950～1980 年之间，索尼公司一而再、再而三地推出新的热门产品，比如手提收音机、录放影机、电视和随身听等。然而到了 1980～1997 年，索尼却再也没有推出任何一款受到欢迎的破坏式创新产品。索尼和以前有什么不一样？原因在于索尼的创办人盛田昭夫离开活跃的管理工作，转而投入日本政坛。

在 1980 年以前，索尼从未使用过现代的统计或分析流程来做市场调查。研发工程师反而会直接拿新产品向盛田昭夫以及少数几位高级主管做简报。盛田昭夫不会当天作决定。如果第二天他醒来时心情不错，就会批准新产品；如果他醒来时感到胃痛不舒服，就会将其当作一种警讯，好像直觉在告诉他：不要做！那么这个计划就会被搁置。

你也必须做类似的事情。尽可能地仔细研究，然后注意自己的感觉。如果你觉得新点子很好，就大胆去做；如果觉得不大自在，则就此作罢。如果你觉得无聊，就把它当作顾客也会有同感的征兆。要持续地改良点子，直到这个点子变得更让人兴奋、更加迷人。

二十六　趋势里的禅意

每个新趋势流行的同时，都会出现另一个和这股趋势完全相反的市场，你要让自己明白这个道理。

不论是在商界还是人生，没有什么事情是绝对的。每当一个新趋势产生时，都有另一股完全相反的趋势出现，这就是商业世界的阴阳两极。没有一项新产品能攻占全部市场，你到处都可以看到和趋势背道而驰的人。

以下是一些曾经发生的例子：

◎当电子游戏的销量上升时，传统的棋盘游戏销量也增加了。

◎在汽车越来越大、越来越夸张的同时（例如大型休旅车与越野车），小型车（例如大众新款甲壳虫与Mini Cooper）的销量也增加了。

◎在快餐厅处于快速增长阶段的同时，慢食运动也正在兴起，而健身俱乐部的会员人数也同样开始增长。

◎坚持只吃有机食品的女性却完全愿意打上一针名叫“保妥适”的肉毒杆菌素。

关键思维

看一个人是不是具有一流的头脑，最好的测验就是看他能不能在相同时间内接纳两个相互矛盾的观念，并且能继续思考而不受影响。

——弗朗西斯·斯科特·菲茨杰拉德

美国小说家

专家解读

台湾年轻人最抓得住趋势

文/陈佩婷

对于市场或产业的未来趋势，我们在商业管理学院的培训课程是一种观念上的导入。结业之后同学们一起参加第七届 TIC 100 创新事业竞赛，大家思考出一套“现代台湾”的运营模式，这 8 个月来准备比赛的过程不仅让我们实践了“趋势”在商业上的应用，同时也练就了预测趋势的能力。目前，团队正在思考就着参赛的运营计划书把公司真正成立起来，因为这对于台湾地区的未来趋势既是领导者之一，也是必要的实践者。

拼出生活，拼出风格

“De Puzzly”是我们团队的英文名字，也是创业竞赛的虚拟公司名称。“de”源自拉丁文，意思是“从……衍生出来”；“puzzle”这个词则早在拉丁文中就是“拼图”的意思，而且被英文一直使用至今。顾名思义，“De Puzzly”一词在于表达公司的完整设计概念——从拼图中衍生出的产品，因此公司的中文名字称为“积木产品开发工作室”，网址是 depuzzly. blogspot. com。

“Pin your life，pin your style”（“拼”出你的生活，“拼”出你的风格）是 De Puzzly 公司的标语。我们的思维立足于现代人追求的新生活方式，这是非常需要强调的未来趋势。在方法上，我们以推出 DIY 式、结合东方卡榫与西方拼图概念的家具，让现代人可以自由地决定空间设计，用游戏的方式拼组出生活用品，让生活更有品位。

在商业模式上，将善用品牌、制造、营销、流通等各式资源，以“整合”与“传递”新的生活观，目的在于吸引拥有同样想法的顾客与投资者，我们非常肯定这样的人在台湾地区会越来越多。

以市场调查肯定趋势预测

在团队中，虽然成员绝大多数是商业管理专业背景，但这不表示我们对于市场及产业的发展趋势已经熟悉。TIC 100 创业竞赛规定，参赛团队必须把构思出来的经营模式以及商业潜力都经过市场调查和厂商访视，目的是希望参赛学子更加贴近现实，尤其是避免年轻人不知天高地厚，自认为千辛万苦想出来惊世的新奇点子，其实在消费市场上早就出现了。

De Puzzly 有两项创新的方向，这与本书作者所提出的“26 项工具让你成为趋势大师”几乎不谋而合。第一项是“融合：具有延续力的趋势，通常是由多个小趋势结合而成”。这就是前面提到的用“拼”的观念来融合出产品线，可以“拼”也就表示可以“拆”，因此从 De Puzzly 买来的组合组件可以拼组成床、柜，也可以拆开、再拼组为椅子、桌子，这些都需要考验顾客的智商和情商。我们把实际做出来的模组拿给部分受访对象进行试验，包括销售目标顾客群 BOBO 族、月光族等，最终得到很多的反馈意见。

一般来说，受访对象的看法是肯定的、可接受的，也给我们提供更多的产品组合想法，这对于模组的改进很有帮助。令人惊讶的是，受访对象普遍反应出“好好玩”的使用态度，总是一边玩、一边给我们建议。“玩”其实是人的本性，只是在长大过程中逐渐被环境压抑了。我们用新观念的产品吸引出潜藏在消费者内心的消费欲望。正如作者所说，找出趋势“没有秘密”，想法要“简单化”，做法也偶尔“轻松一下”，尽情玩耍。

创造出享受本地品牌的趋势

我们的另一项创新是运营模式，De Puzzly 公司在成立初期就打出品牌，而且是从台湾市场出发，然后再把台湾的现代生活品位推销到国际社会。这样的思维不是和现实对抗，而是彰显台湾产业发展的未来趋势。先拿品牌来说，我们在市场调查中发现，除了一般的国际品牌和大公司外，台湾地区的消费者已经愿意接受部分“本地品牌”，但前提是商品具有高品质、中价位，既不跨进金字塔顶端的奢侈品市场，也不聚焦只购买大型超市廉价商品的大众，而是面向介于上、下层之间的消费者群体。

偏爱“本地品牌”的消费者群体现阶段的特点是年龄大约在35岁左右，已经有一定的经济实力，喜欢个人风格，但因个人理财因素而买不起高价的稀有品牌商品，又不甘于使用中低价位的大众商品。很明显，我们这一代也在追求这一类的生活方式，大家想的是个人主义，追求的是品牌。

但是想想看，我们是在20～25岁，消费能力势必会越来越大，不就等于是和现在的35岁消费者群体结合起来？一旦品牌受到消费者的喜爱，品牌力量必定发挥开来，进而影响更多消费者的习惯，这也是我们着眼于未来趋势的切入点之一。还有，为什么大家总是只能用外销剩下的商品？在未来的台湾地区，这些都会发生改变，正如经济发达的日本如今总是把最好的商品留给本土消费者。

比业界提前3年

此外，规划De Puzzly品牌从台湾地区出发，是我们这一代深切期许台湾的未来发展。台湾产业经济的国际印象是擅长制造科技产品，从正面来看是结实耐用，偏偏我们在商业管理课堂上都看到：科资通（ICT）出口产品的毛利低微，需要厂商先行巨额投资设备厂房，才能应付国际品牌大厂的生产要求，笔记本电脑业者获利“保三”、“保四”的笑话在我们听来特别无奈。台湾地区产业应该走向高附加值，用整合来取代单一思维。

坦白说，从制造成本的传统思维出发，我们一开始就遭遇困难，产品的生产成本太高，定价不具备市场竞争力。后来，我们转念一想，不应该只在生产成本上打转，而应该是以本地品牌的设计创造出价值，生产线则可以拓展到全世界。目前 De Puzzly 已设计出 7 种积木原型，上面可以换数百种花样贴皮。比如：可以定做一把豹纹椅子，或者组合一张日本印花的床铺。定价介于“生活工场”与“青庭家具”之间。一个衣橱约 2880 元新台币，柜子约 1300～1700 元新台币，制造成本可以控制在售价的 30％以下，毛利约有 50％，很多专家和评审还笑我们太过天真。

市场调查有助于我们发现未来的趋势，像是我们头上的“小天线”，到处吸收点子，再与课堂的专业知识相互联系，最后都呈现在竞赛的创业计划书上。TIC 100 创业竞赛的主办单位研华文教基金会董事长刘克振给予我们最大肯定。他说，像我们这样的研究型学生，思考自由、观察敏锐，凸显出“学生所看到的较业界提前 3 年”，学生优胜团队是企业界老将非常好的学习对象。

由于研华科技公司的定位是工业电脑大厂，

今年他们在颁奖典礼上还强调，年轻一代认定，台湾地区未来的产业力正从过去的技术导向型转移到顾客导向型的服务模式，尤其是对品牌的掌握已经超出广告营销的基础层级，明显进步到巩固市场细分以及企业文化的差异。这是因为，我们看到台湾地区正在发生改变，也因为我们把自己置身改变的历程，才会有机会看到未来的趋势。

一起来发掘台湾地区的未来趋势

其实，不是只有商业管理学院的年轻学子会有类似的感受，主要是必须经常动脑筋。例如，有一次我们就以“未来 10 年的台湾地区，食衣住行会怎么样?”为题，大家就在研究室里天马行空地想，我大略记录了大家的点子：

杨笔帆：有机食品早餐店会流行，符合现代人重视早餐、维护个人健康、偏爱轻食等理念，即使是棒棒糖都要符合健康取向；

高余杰：本地品牌商店聚落将形成，一方面

既像精品专柜百货公司给消费者提供一站式的便利性，又能让每家店主保持独立的风格；

刘芳君：个人服饰的整体造型以品牌表现个性，现在中学以下有发禁解除令，每位青少年都想在自己身上展现个人品位，这将培养出未来的个性化消费族群；

叶柏廷：单身贵族的居住环境，以及占据空间小、具有设计感的个人家具。

我则在出行方面提出个人想法：高铁的完工和启用应该会给台湾地区带来各式各样的新面貌，例如商业渠道会更有弹性，不一定全岛每个地方都要布点，也不会有“某某据点才符合完整渠道”的说法。此外，摩托车不会从台湾地区消失，而是会出现另一种两极现象，即“可爱路线”和“极速路线”，这会影响到上游生产线及零件设计，也会改变消费者的集体行为。

目前，我们在台湾地区接受 MBA 培训，教授毕业于欧美各大学，教材信息也相当开放，毕业以后该如何发挥所长也是需要思考的未来趋势。大家似乎都已经准备好当“空中飞人”，因为我们未来的工作地点将遍及全球，台湾地区扎实的经济基础将是我们将其与国际网络紧密相联的关键。这样的趋势需要我们这一代的台湾年轻人来引领与落实。

作者简介

陈佩婷，毕业于台湾政治大学外交系，辅修国际贸易专业。曾参与学生社团台湾管理学会TMBA，担任营销部副部长。就读于台湾大学商学研究所二年级时，邀请其他学校设计学院的朋友共同组队参加第七届 TIC 100 创新事业竞赛，在总决赛中她个人获得最佳创新事业新人入围奖，团队则获得最佳创新事业人文奖、最佳创新事业商品展览和最佳创新事业广告入围奖。